Samuel Hirsch Margulies

Dichter und Patriot

eine Studie über das Leben und die Werke D. Levis

Samuel Hirsch Margulies

Dichter und Patriot
eine Studie über das Leben und die Werke D. Levis

ISBN/EAN: 9783743618008

Hergestellt in Europa, USA, Kanada, Australien, Japan

Cover: Foto ©ninafisch / pixelio.de

Manufactured and distributed by brebook publishing software
(www.brebook.com)

Samuel Hirsch Margulies

Dichter und Patriot

Dichter und Patriot.

Eine Studie

über das Leben und die Werke

D. Levis.

Von

Dr. S. H. Margulies.

Trier.

Verlag von Sigmund Mayer.

1896.

Meinen teuren Eltern

in kindlicher Liebe

gewidmet.

Vorwort.

Indem ich die vorliegende Schrift der Öffentlichkeit übergebe, löse ich ein Versprechen ein, welches ich vor nahezu zwei Jahren am Schlusse meines in der Allgemeinen Zeitung des Judentums (Jahrgang 58, Nr. 26) erschienenen Aufsatzes über D. Levi dem deutschen Lesepublikum gegeben habe. Ich glaube damit eine Pflicht der Dankbarkeit erfüllt zu haben, die unsrer gesamten Glaubensgenossenschaft einem Manne gegenüber obliegt, der den besten Teil seines Lebens der Verteidigung und Verherrlichung des Judentums gewidmet hat.

Das Material zur Biographie habe ich zum größten Teil den beiden Schriften D. Levis „Vita di Pensiero" (Milano 1875) und „Vita d'Azione" (Torino 1882) entnommen. Einige seine ersten Lebensjahre betreffenden Einzelheiten verdanke ich den eignen schriftlichen Mitteilungen des in Turin lebenden Dichters. Bei der Auswahl der im zweiten Teile dieser Schrift gegebenen Proben seiner lyrischen Dichtungen habe ich mich auf diejenigen beschränkt, welche speziell das Judentum zum Gegenstand haben. In der Übersetzung der Gedichte bin ich vor Allem bemüht gewesen, den Sinn möglichst klar wiederzugeben, ohne mich im übrigen allzu ängstlich an das Wort zu binden. Jeder Kundige wird, wie ich zuversichtlich hoffe, bei der Vergleichung der Übersetzungen mit dem Original, mein Verfahren billigen und nicht finden, daß ich dem Dichter damit einen schlechten Dienst geleistet habe.

Florenz, im April 1896.

Der Verfasser.

Inhalt.

Erster Teil.
Biographie.

Erstes Kapitel.

David Levis Geburt. — Sein Großvater. — Sein Elternhaus. — Seine Mutter. — Die allgemeinen politischen und sozialen Verhältnisse, die zu jener Zeit in Piemont herrschten. — Lage der Juden. — Erste Eindrücke im Elternhause.

David Levi wurde im Jahre 1816 zu Chieri, einem kleinen Städtchen in der Nähe von Turin geboren. Die Familie, der er entstammte, hatte sich durch Einführung der Baumwollenindustrie um das Land verdient gemacht und war im Besitze von erblichen Privilegien, die ihr im Vereine mit einem bedeutenden Vermögen eine bevorzugte und geachtete Stellung verliehen. Sein Großvater David, ein Mann von hoher Intelligenz und tiefer Religiosität, der als Vertreter der piemontesischen Juden in dem von Napoleon I. nach Paris zusammenberufenen großen Synhedrion gesessen hatte, war während der französischen

Herrschaft in Italien sogar mehrere Jahre hindurch Bürgermeister des Ortes gewesen. In dessen Hause, welches von patriarchalischem Geiste durchweht war, wurde der angestammte Glaube hochgehalten und die Feier der religiösen Feste mit Weihe und Andacht begangen. Namentlich seine Mutter schildert unser Dichter als eine Frau von echt jüdischer Tugend und von ausgezeichneten Eigenschaften des Geistes und des Herzens. Oft begleitete er sie als kleiner Knabe in die Hütten der Armen und an die Lagerstätten der Kranken, wo sie nach Kräften Hilfe und Trost zu spenden pflegte. Von ihr erhielt er auch den ersten Religionsunterricht, und sie verstand es, den sonst wilden und unbändigen Knaben, der wegen seiner tollen Streiche von allen „das Teufelchen" genannt wurde, mit einem Worte, ja oft mit einem Blicke zur Ordnung und zum Gehorsam zurückzuführen. Da zu jener Zeit in Piemont den Nichtkatholiken der Zutritt zu den öffentlichen Schulen verschlossen war, wurde er von seinen Eltern in eine von dem Rabbiner der kleinen Gemeinde geleitete Privatschule geschickt. Hier hielt er es jedoch nicht lange aus. Sein lebhaftes Temperament und sein angeborener Widerwille gegen jeden äußeren Zwang brachten ihn oft in Konflikt mit den Lehrern, deren unvernünftige Strenge und rohe Behandlung der Schüler ihm eine derartige Abneigung gegen die Schule einflößten, daß seine Eltern sich genötigt sahen, ihn aus derselben zu entfernen und der Fürsorge von Privatlehrern anzuvertrauen. Allein die geistige Nahrung, welche ihm diese zu bieten vermochten, konnte den Wissensdrang des frühreifen Knaben nicht befriedigen. Mehr als von ihnen lernte er durch selbständiges Lesen der Bibel und anderer guter Bücher, die er in der kleinen Familienbibliothek vorfand. Nicht wenig trug zur Entwickelung seines angeborenen Bildungs= triebes und zugleich seiner Anhänglichkeit an den Glauben seiner Väter auch folgender Umstand bei. Allsabbathlich pflegten sich die gebildeteren Mitglieder der kleinen Ge= meinde zu traulichem Gedankenaustausch im Hause Levi zu vereinigen, welches ihren geistigen Mittelpunkt bildete und wo außer der heiligen Schrift auch die besten Erzeugnisse der italienischen Litteratur eifrig gelesen und besprochen wurden. Hier wurde auch über Gemeinde= angelegenheiten beraten und oft bitter geklagt über die schmachvolle Bedrückung, unter der man lebte. Es war damals eine böse Zeit für die Juden in Piemont. Die Reaktion, die nach den Ereignissen von 1815 in Italien eingetreten war, hatte in Piemont eine eigene Form angenommen. Sie war nicht grausam aus kalter Be= rechnung wie in anderen Staaten, sondern plump und roh aus Unwissenheit und kleinlicher Pedanterie. Victor Emanuel I., der im Grunde ein gutmütiges Naturell hatte und seine Unterthanen auf seine Weise glücklich zu machen wünschte, war jedoch zu schwach und unfähig, um seine guten Absichten verwirklichen zu können. Er ward alsbald ein Werkzeug in den Händen des Adels und des Klerus, die alle ihre mittelalterlichen Vorrechte, die sie unter der französischen Herrschaft eingebüßt hatten, wieder an sich rissen und das ganze öffentliche Leben beherrschten. Der Code Napoleon, der die Gleichheit aller Staatsbürger vor dem Gesetze als obersten Grundsatz der Staatsverfassung und Rechtsprechung aufgestellt hatte, wurde abgeschafft, und an dessen Stelle traten wieder die veralteten Gewohnheitsrechte, die von der abligen Bureaukratie zu Gunsten ihrer Kaste mit empörender Willkür gehandhabt wurden. Gegen einen Abligen hatte der Bürgerliche immer Unrecht; der Adel war alles, der Bürgerstand nichts. Geistige Überlegenheit galt als ein Verbrechen und selbständiges Denken als staatsgefährlich. Die gebildeten Geister wurden von der Polizei argwöhnisch überwacht, und um das Volk in wohlthätigem Dunkel zu erhalten, wurde die Schule wieder dem Klerus ausgeliefert, der schon dafür sorgte, daß nicht allzuviel Licht in die jungen Köpfe eindränge. Wie es unter solchen Umständen allen Nichtkatholiken und erst gar den Juden erging, kann man sich leicht vorstellen. Diese letzteren hatten unter der Verfolgungssucht, den gesetzlichen Beschränkungen und polizeilichen Nörgeleien, die alle bürgerlichen Klassen bedrückten, natürlich am allermeisten zu leiden. Aller bürgerlichen und politischen Rechte beraubt und von neuem in das Ghetto eingesperrt, wurden sie von dem Besuche der

Schulen und Universitäten ausgeschlossen und zu einer
Pariaklasse herabgedrückt. Allein die Zeiten, wo das
Volk sich ohne jeglichen Widerstand unter das Joch des
Absolutismus beugte, waren auch für Piemont vorüber.
Die Ideen der französischen Revolution waren zu tief
in die Volksseele eingedrungen, als daß sie mit den
kleinlichen Mitteln der wiedererstandenen Tyrannei daraus
hätten entfernt werden können. Das Volk duldete und
schwieg, aber in seinem Innern und insbesondere in den
Herzen der Jugend wuchs die Liebe zur Freiheit um so
mächtiger empor, je mehr man sich Mühe gab, sie zu
unterdrücken. Die draußen verpönte Freiheit des
Denkens und Redens zog sich in den stillen Kreis der
Familie zurück. Hier wurde die heilige Flamme der
Vaterlandsliebe genährt, hier wurden die geistigen
Waffen geschmiedet, die sich später so siegreich bewähren
sollten. In dem gastlichen Hause der Familie Levi
verkehrten mehrere gebildete und freiheitsliebende
Männer, unter anderen auch ein Bruder des edlen
Dichters Silvio Pellico, dessen ergreifende Schilderung
seiner fünfzehnjährigen Kerkerhaft auf dem Spielberge
bei Brünn (le mie Prigioni) Österreich bekanntlich mehr
Schaden zugefügt hat, als es eine ganze wohlausgerüstete
Armee hätte thun können. Die Gespräche, die hier
geführt wurden, konnten nicht ohne Einfluß bleiben
auf das Gemüt des geweckten Knaben, der schon früh=
zeitig ungewöhnliche Begabung und einen stolzen unab=

hängigen Sinn verriet. Die Eindrücke seiner Kinder=
jahre brachten ihm die Überzeugung bei, daß die Leiden
seiner Glaubensgenossen und die seines Vaterlandes
aus derselben Quelle flossen, und so faßte mit dem Hasse
gegen die Tyrannei die zwiefache Liebe zu Israel und
zu Italien, die sein ganzes Leben und Wirken beherrschen
sollte, gleich feste Wurzeln in seinem jungen Herzen.

Zweites Kapitel.

Barmizwafeier. — Schuljahre in Vercelli. — Erste poetische Versuche.
— Lektüre der Tragödien Niccolinis, Silvio Pellicos und anderer. —
Erste Bekanntschaft mit den Werken Giordano Brunos. — Rückkehr
nach Chieri. — Kampf um die Wahl des Lebensberufs. — Flucht
nach Piacenza. — Aussöhnung mit den Eltern und Abreise nach Parma
zum Besuche der dortigen Universität.

Der kleine David hatte inzwischen das dreizehnte
Lebensjahr erreicht, und wurde kurz nach der in
herkömmlicher Weise begangenen Barmizwafeier, bei
welcher er in der Synagoge seinen Schriftabschnitt aus
der Thora vorgelesen und darauf im Familienkreise
eine Ansprache an die versammelten Gäste gehalten
hatte, behufs weiterer Ausbildung zu nahen Verwandten
nach Vercelli geschickt, wo er das von dem Rabbiner
Felice Tedeschi vortrefflich geleitete Institut „Colonna e
Finzi" besuchen sollte. Hier gefiel es unserem David

freilich ganz anders als in der Schule zu Chieri. Es wehte hier ein milder, moderner Geist, von dem er sich angenehm und wohlthuend berührt fühlte. Man begann damals gerade auch in Italien der Erziehungs= kunst mehr Sorgfalt zuzuwenden, als dies bis dahin der Fall gewesen war. Die Ideen eines J. J. Rousseau und eines Pestalozzi hatten sich auch hier Bahn ge= brochen und konnten nicht verfehlen, auch auf die jüdischen Schulen einen wohlthätigen Einfluß auszuüben. Neben dem Unterricht in der Bibel und in der hebräischen Grammatik wurden in dem Institut auch profane Disziplinen, namentlich Latein und italienische Litteratur mit Erfolg gepflegt. In der Handhabung der hebräi= schen Sprache brachte es der junge Levi nach kurzer Zeit zu einer derartigen Fertigkeit, daß er, als sein Großvater starb, eine hebräische Elegie auf dessen Tod verfaßte, die ihm das Lob der Lehrer und den Beifall aller Kenner eintrug. Seine ersten italienischen Verse galten der Verherrlichung eines wegen revolutionärer Umtriebe zum Tode verurteilten jungen Landsmannes. Die freiheitliche Bewegung in Italien, die von den im Exil lebenden Dichtern und Aposteln wie Mazzini, Berchet und andere fortwährend genährt wurde, war zu jener Zeit eine so mächtige, daß selbst die unreife Schuljugend von derselben ergriffen wurde. Eines Tages, so erzählt der Dichter in seiner Selbstbiographie, kam ein aus Frankreich zurückkehrender piemontesischer Jüngling nach Vercelli.

All seine Bücher und Schriften waren ihm an der Grenze abgenommen worden, aber die Gedichte Giovanni Berchets, die der Jüngling getreulich seinem Gedächtnis eingeprägt hatte, konnten ihm von den Grenzwächtern nicht geraubt werden. So versammelte er denn um sich eine Schar von Knaben, unter denen auch der damals kaum vierzehnjährige David Levi sich befand, und mit glühender Begeisterung trug er ihnen die zündenden Verse des verbannten Freiheitsdichters vor, welche die Gemüter der an seinen Lippen hängenden jugendlichen Zuhörer in stürmische Erregung versetzten. Viele von den Gedichten wurden mehrfach abgeschrieben, an Eltern, Geschwister und Freunde verteilt und auswendig gelernt. Solche und ähnliche Vorgänge, sowie die Lektüre der Tragödien von Niccolini, Silvio Pellico, Manzoni und Marenco erregten die Phantasie des heranreifenden Knaben und nährten in seinem Innern die Schwärmerei für die Einheit und Freiheit Italiens. In Vercelli kamen ihm auch zum erstenmale durch einen Zufall die Werke Giordano Brunos in die Hand, und der trotzige, gewaltige Geist des großen Nolaners übte von da an einen so mächtigen Zauber auf ihn aus, daß er später immer wieder zu ihm zurückkehrte und, nicht zufrieden damit, in noch jungen Jahren das Leben und die Lehren des kühnen Denkers in einer Reihe von Artikeln, die in der Zeitschrift „La Ragione" erschienen, verherrlicht zu haben, demselben als Greis noch ein besonderes umfangreiches Buch „Giordano Bruno o La Religione del Pensiero" widmete, in dem er die Frucht seiner jahrelangen Studien und Untersuchungen über das Leben und die Werke dieses Märtyrers der Gedankenfreiheit niederlegte.

Nach dreijährigem Aufenthalt in Vercelli kehrte der junge Levi auf Wunsch seiner Eltern wieder nach Chieri zurück. Seine Eltern hatten ihn für den Kaufmanns= stand bestimmt. Er sollte einst das Geschäft seines Vaters weiterführen und wurde deshalb schon jetzt in dasselbe eingeführt, um die nötige Übung zu erlangen. Dies widersprach jedoch gänzlich seinen eigenen Plänen und Neigungen. Er hegte einen tiefen Widerwillen gegen alles, was mit dem Handel zusammenhing, er fühlte sich zu etwas Größerem geschaffen, und sein Geist sehnte sich aus der Enge des alltäglichen Lebens in die freien Regionen des Wissens und der Kunst hinaus. Dazu kam noch der Abscheu, mit dem ihn die politischen Verhältnisse seines Vaterlandes erfüllten und der Druck, der namentlich auf seinen Glaubensgenossen lastete und der ihm, dessen Seele für Freiheit und Gleichheit aller Menschen glühte, mit jedem Tage unerträglicher ward. Während er über den Geschäftsbüchern saß und sich vergebens in dem Labyrinth des Soll und Haben zurecht= zufinden suchte, irrten seine Gedanken in die Ferne und gaukelte ihm seine Phantasie verführerische Bilder von künftigem Dichterruhm und kühnen patriotischen Thaten

vor. Dieses inneren Kampfes endlich müde und an
der Möglichkeit, den Widerstand seiner Eltern zu über=
winden, verzweifelnd, beschloß er, heimlich Chieri zu ver=
lassen und sich zunächst nach Piacenza zu begeben, wo
eine freiere Luft wehte als in Piemont. Diesen Plan
brachte er mit Hilfe zweier Vettern, die ihn mit den
nötigen Mitteln versahen, auch bald zur Ausführung.
Seine Eltern erschraken nicht wenig über sein rätsel=
haftes Verschwinden. Man suchte den Vermißten in
der Umgebung von Chieri und in Turin, natürlich
vergebens. Endlich kam ein Brief von ihm aus Piacenza,
in welchem er seine Eltern für diesen eigenmächtigen
Schritt um Verzeihung bat, sie aber zugleich himmel=
hoch anflehte und beschwor, sich seinem Herzenswunsche,
eine gelehrte Laufbahn einzuschlagen, nicht länger wider=
setzen zu wollen. Die Eltern, die wohl eingesehen
haben mochten, daß er zu allem anderen eher als zum
Kaufmann geeignet war, gewährten ihm denn auch die
erbetene Zustimmung, unter der Bedingung freilich, daß
er Jurisprudenz studieren und sich so zu einem prak=
tischen Berufe vorbereiten sollte. Dankbaren Herzens
und überglücklich, sich der Verwirklichung seiner Träume
so nahe zu sehen, kehrte jetzt der Flüchtling in sein
Elternhaus zurück, um kurz darauf, mit allem Nötigen
ausgestattet, sich von dort an die Universität nach Parma
zu begeben. An das viel näher liegende Turin hatte
man nicht denken können, da, wie schon oben bemerkt

wurde, die Juden in Piemont von dem Besuche der
öffentlichen Bildungsanstalten ausgeschlossen waren.
Auch bei dieser Gelegenheit wurde er also an die
demütigende Ausnahmestellung seiner Glaubens= und
Stammesgenossen erinnert, und diese Demütigung
mußte in dem Herzen des jungen Studenten einen
um so schmerzlicheren Stachel zurücklassen, als er sich
bewußt war, in der Liebe zu seinem Vaterlande hinter
keinem seiner Mitbürger zurückzustehen. Auf solche
Erfahrungen und Jugendeindrücke ist sicherlich auch
jener scharfe, bisweilen sogar das gehörige Maß über=
schreitende polemische Ton zurückzuführen, den David
Levi später oft in seinen Schriften gegen die herrschende
Religion anschlug und der ihm viele erbitterte Gegner
und Feinde erweckte. Doch kehren wir zu seinen
Universitätsjahren zurück.

Drittes Kapitel.

Von Parma nach Pisa. — Philosophische Studien und unbefriedigter Drang nach Erkenntnis. — Lyrische Gedichte philosophischen Inhalts. — Von der Natur wendet sich D. Levi den alten Religionsurkunden zu. — Die Vedas. — Rückkehr zur Bibel, Brahmanentum und Judentum. — Ähnlichkeit zwischen dem Schicksal Italiens und dem Palästinas.

In Parma hielt er sich nicht lange auf. Es zog ihn nach Toskana, dem klassischen Boden der Kunst und der feinen Bildung, wo zu jener Zeit unter der milden Herrschaft Leopolds II. geistige und materielle Kultur in hoher Blüte standen und die hervorragendsten liberalen Geister Italiens, soweit sie nicht in der Verbannung lebten, sich zusammenfanden. So sehen wir ihn denn im Frühjahr 1836 nach Pisa übersiedeln, dessen Universität sich eines wohlverdienten vorzüglichen Rufes erfreute. Obgleich er nun, dem seinen Eltern gegebenen Versprechen gemäß, sich für das Rechtsstudium eingeschrieben hatte, widmete er doch den größten Teil seiner Zeit den litterarischen und philosophischen Studien, die seiner Neigung weit mehr entsprachen als die Jurisprudenz. Die ewigen Rätsel des Welt- und Menschenlebens, die sich jedem denkenden Menschen beim Erwachen seiner Vernunft aufdrängen, beginnen auch seinen Geist zu beschäftigen, und was ihn im Innersten bewegt, das Kämpfen und Ringen seiner Seele nach

Erkenntnis, kommt in einer Reihe lyrischer Gesänge zu dichterischem Ausbruck.

Von heißem Drange nach Wahrheit getrieben, eilt er von einem philosophischem System zum anderen, und von keinem befriedigt, sucht er durch eigene Betrachtung der Natur die in ihr geheimnisvoll waltende Urkraft selbständig zu erkennen und ihr das erlösende Wort zu entreißen. Allein die unbewußte und in sich abge= schlossene Natur vermag dem forschenden Geiste nichts über ihr eigenes Wesen, über Ursprung und Zweck ihres Seins zu enthüllen.

O Blume, du liebliches Wesen,
So zart und so frisch und so rein,
Ach könnte das Wort ich doch lesen,
Das tief in den Schoß dir hinein
Geheimnisvoll schrieb die Natur.
Was kündet das Lüftlein dir leise,
Wenn liebend und lau es dich wieget,
Was sagt dir der Schmetterling weise,
Der müde am Busen dir lieget
Vom Fluge durch sonnige Flur?

Mich laben des Morgenrots Düfte,
Erquicket der perlende Tau,
Ich liebe die kosenden Lüfte,
Ich liebe das heitere Blau,
Dem Lichte erschließ' ich den Schoß.
So lebe ich in mir zufrieden,
Und kenn' weder Ursprung noch Ziel,
Genieße mein Dasein hinieden
Und forsche und frage nicht viel,
Von wem mir geworden solch Los.

So von der Natur zurückgewiesen, wendet sich seine Betrachtung wieder den bewußten Schöpfungen des Menschengeistes zu, aber statt in den Gedankensystemen der Gegenwart sucht er jetzt in den alten Religions= urkunden der fernen Vergangenheit die Antwort auf die quälenden Fragen, die seine Seele bestürmen. Die Kenntnis der uralten Weisheit der Brahmanen, die im ersten Drittel dieses Jahrhunderts durch die Arbeiten der Jones, Wilson, Bopp, Schlegel, Lassen und Bournouf in England, Deutschland und Frankreich einen so mächtigen Aufschwung genommen hatte, fing gerade um jene Zeit an, auch in Italien sich zu ver= breiten. Den Anstoß hierzu gab der Abbé Gaspare Corresio, ein engerer Landsmann unseres Dichters, durch seine von einer eleganten italienischen Übersetzung be= gleitete monumentale Ausgabe des Râmâyana. Diese neu entdeckte alte Weisheit übte eine bedeutende An= ziehungskraft auf die gebildeten Geister der Zeit aus. Man verglich die Wedas mit der Bibel und glaubte in jenen gewissermaßen eine Selbstoffenbarung des noch unbefangen und mit der Natur in innigerer Fühlung lebenden Menschengeistes zu finden. Für die tief poetische Natur David Levis hatte das Studium jener alten Urkunden, in denen die Phantasie eine wahr= haft ungezügelte Oberherrschaft führt und einen über= schwenglichen Reichtum an dichterischen Anschauungen und Formen entfaltet, noch einen eigenen unwidersteh=

lichen Reiz. Ähnlich wie Goethe von der altpersischen Poesie, fühlte er sich von der altindischen Lehrdichtung angezogen. Aber je mehr er sich in das Studium derselben vertiefte, desto klarer ward es ihm, welch ein gewaltiger Abstand dieses verworrene Chaos von halb kindischen und halb greisenhaften Vorstellungen, in denen Himmel und Erde, Göttliches und Menschliches durch= einander geworfen werden, von der erhabenen Klarheit und überwältigenden Majestät der Bibel trennt. Adlergleich schien ihm diese jetzt sich zu erheben über all die Religionssysteme des Orients, die man mit ihr hatte vergleichen wollen. In jenen gewahrte er nichts als eine übermächtige Natur, von der selbst die Gott= heit sich nicht losmachen, nicht befreien kann, und die mit ihren gewaltigen Erscheinungen den Menschengeist erdrückt und zermalmt; in dieser fühlte er überall das Wehen des Gottesgeistes, der durch einen freien Willens= akt das Weltall erschaffen und allen Dingen Maß und Gesetz gegeben. Dort Fatalismus und eiserne Not= wendigkeit, hier Freiheit des Willens und Streben nach höchster Vollkommenheit; dort Stillstand und starre Un= beweglichkeit, hier Fortschritt und Entwickelung; dort endlich Scheidung der Menschen in Kasten, in Unter= drücker und Unterdrückte, hier Gleichheit aller Menschen, Gerechtigkeit und Nächstenliebe. Dieser letztere Gegen= satz war es vornehmlich, der den jungen, für Freiheit und Gleichheit begeisterten Dichter ebenso sehr zur

Bibel hinziehen, wie von dem Brahmanentum abstoßen mußte. Er lernte jetzt den Glauben seiner Väter von einer neuen Seite würdigen.

In ihm fand er den höchsten und reinsten Ausdruck seiner eigenen Ideale, und zugleich mit der Liebe zu seinem Vaterlande erstarkte in seinem Innern immer mehr die Liebe zum Judentum. Das Studium der Geschichte Israels ließ ihn eine gewisse Ähnlichkeit zwischen dem Schicksal Italiens und dem Palästinas entdecken, und beider Unglück fand einen tiefen Wiederhall in seiner Dichterseele.

> Und zweifachen Zions Verbannter ich bin,
> Zu zweifachem Zion, ach, zieht es mich hin;
> Doch wehe! im Elend muß beide ich schauen,
> Und einsam und traurig durch düsteres Thal
> Sich wälzet der Jordan und stöhnet, o Qual!
> Die Woge des Tibers, sie seufzet, o Grauen!

Viertes Kapitel.

Eintritt in den Geheimbund „La giovane Italia." — Liberale Propaganda.
— Ein Duell und dessen Folgen. — David Levi wird an der Uni=
versität Siena zum Dr. juris promoviert. — Reise nach Paris. — Be=
ziehungen zu Terenzio Mamiani, zu La Farina und anderen hervor=
ragenden Emigranten. — Geheime Mission nach Venedig. — Die
Unternehmung der Brüder Bandiera. — Elegie auf deren Tod.

Allein David Levi war nicht dazu geschaffen, seine
Kräfte im müßigen Klagen und in thatenloser Schwärmerei
zu vergeuden, sein feuriges Temperament drängte ihn zu
thätigem Eingreifen in den Gang der Ereignisse. Man=
zonis sanfte Resignation und ruhige Beschaulichkeit waren
ihm zuwider, seine Vorbilder waren Mazzini und Berchet,
deren mächtige Stimme von jenseits der Alpen herüber
drang, die Gemüter aufrüttelte und zum Kampfe für
die Freiheit begeisterte. „Der Manzonische Hymnus,"
sagt er einmal, „hätte ein Volk von Seminaristen
heranbilden können, das Lied Berchets schuf ein Volk
von Heroen."

Kaum zwanzig Jahre alt, war er bereits in den von
Mazini gegründeten und über ganz Italien verbreiteten
polititischen Geheimbund „Das junge Italien", einge=
treten. Der später von den toskanischen Kammern zu=
sammen mit Mazzoni und Guerrazzi zum Triumvir er=
nannte Dichter und Philosoph Giuseppe Montanelli
hatte damals einen Lehrstuhl in der Universität zu Pisa

inne, und durch ihn, der an dem genialen, jungen Patrioten besonderen Gefallen gefunden hatte, wurde David Levi mitten in das Getriebe der weitverzweigten Agitation eingeführt und mit den Häuptern der nationalen Partei bekannt gemacht. Bei seinen öftern Reisen von Pisa nach Piemont hatte er Gelegenheit, der Partei vortreffliche Dienste zu leisten, indem er in den verschiedenen Städten, in denen er sich aufhielt, teils neue Zweigvereine gründete, teils den Gedankenaustausch unter den bereits bestehenden vermittelte. Trotz dieser politischen Thätigkeit und der vorwiegenden Beschäftigung mit Philosophie und Poesie hatte D. Levi jedoch auch die Rechtsstudien nicht vernachlässigt, und er war gerade im Begriffe, sich für die Entlassungsprüfung vorzubereiten, als er durch einen Zwischenfall gezwungen wurde, Pisa zu verlassen. Bei einem aus geringfügiger Veranlassung entstandenem Wortstreite zwischen ihm und einem schweizerischen Kollegen, hatte der Schweizer sich zu einer beleidigenden Äußerung gegen die Juden im allgemeinen hinreißen lassen. Als Antwort erfolgte darauf eine kräftige Ohrfeige, und ein Duell war unvermeidlich. Dieses fand denn auch in einem Walde nahe bei Pisa statt, und der Schweizer wurde schwer verwundet nach Hause getragen. Die Sache wurde bekannt, und David Levi mußte, von der Polizei verfolgt, eiligst Pisa den Rücken kehren. Mit Hilfe eines seiner Freunde, des Marchese Domenico Franzoni, der ihm seinen eignen

Reisepaß zur Verfügung stellte, floh er nach Genua und
von dort nach Chieri. In dem darauffolgenden Jahre
wäre er gern nach Pisa zurückgekehrt; da ihm dies
jedoch von seinen dortigen Freunden widerraten wurde,
ging er nach Siena und wurde ein Jahr später (1841)
an der dortigen Universität zum Dr. juris und Rechts=
anwalt promovirt. Nun kehrte er in seine Heimat
zurück. Die schwüle reaktionäre Atmosphäre, die in
Piemont herrschte, machte ihm jedoch einen längeren
Aufenthalt daselbst unerträglich. Es trieb ihn mit un=
widerstehlichem Drange nach Paris, auf welches damals
die Augen aller unterdrückten Völker gerichtet waren,
und wo die Elite der italienischen Patrioten und Frei=
heitsapostel versammelt war. Kaum dort angelangt,
trat er in Beziehungen zu Terenzio Mamiani, Giuseppe
La Farina, Giovanni Berchet, Marchese Giorgio Palla=
vicino und zu andern hervorragenden Mitgliedern der
italienischen Emigration. Hier lernte er auch Mazzini
kennen, der von London aus öfters im Geheimen nach
Paris kam, um seinen Gesinnungsgenossen Verhaltungs=
maßregeln zu geben und wichtige Parteiangelegenheiten
mit ihnen zu beraten. Hier in Paris war es, wo in den
geheimen Zusammenkünften, die im Hause Giuseppe
Ricciardis stattfanden, die tollkühne Unternehmung der
Brüder Bandiera, welche die Abschüttelung des öster=
reichischen Joches zum Ziele hatte, geplant und vor=
bereitet wurde. Die Brüder Attilio und Emilio Bandiera,

die von fanatischem Haß gegen Österreich erfüllt waren, wollten, verleitet durch das falsche Gerücht, daß ganz Süditalien in Gärung wäre und nur auf das Zeichen zum Losschlagen wartete, mit einigen Schiffen in Calabrien landen und sich an die Spitze der Insurgenten stellen, während gleichzeitig Piemont, die Lombardei und Venedig sich erheben sollten. David Levi wurde zuerst nach Piemont und dann zusammen mit Graf Bevilacqua nach Venedig entsandt, um das Feuer zu schüren und die Gemüter für den Kampf um die Einheit und Freiheit Italiens zu entflammen. Das waghalsige Unternehmen der Bandiera mißlang. Der Verrat war ihnen vorausgeeilt und bei ihrer Landung in Calabrien fielen sie in die Hände der Österreicher, wurden wegen Hochverrats zum Tode verurteilt und am 5. Juli 1844 in Cosenza erschossen. Als die Kunde hiervon nach Venedig drang, widmete David Levi dem Andenken der jugendlichen Märtyrer eine erschütternde Elegie, in welcher er mit zündenden und leidenschaftlichen Worten zur Rache an ihren Henkern auffordert. Auch in diesen von Zorn und Schmerz durchbebten Versen verrät sich der tiefe Kenner und Bewunderer der Bibel, denn es ist offenbar eine Reminiscenz an Richter 19, 29, wenn er ausruft:

„Verteilet sie diese Gebeine, und jegliche Stadt
Vom Meere bis hin zu den Alpen bewahre ein Stück.
Nicht weinen jetzt sollt ihr, nicht klagen, nur küssen sie satt,

Und schwören, zum Himmel erhebend den Blick,
Wenn einst sich Italien erhoben in flammender Glut,
Zu rächen, zu sühnen der Märtyrer Blut."

Fünftes Kapitel.

Anziehungskraft Venedigs. — Verschiedene lyrische Gedichte und der
erste Entwurf zu dem Drama „Il Profeta". — Schmerz und Entrüstung
über die unwürdige Behandlung der Juden in Piemont. — Die Liebe
zum Judentum vermindert nicht, sondern, vermehrt noch die Liebe zu
Italien, diese beiden Gefühle sind in dem Herzen David Levis aufs innigste
mit einander verbunden. — Das wirkliche und das ideale Vaterland.

Trotzdem seine politische Mission nach dem Miß=
lingen der Unternehmung zu Ende war, konnte er sich
doch nicht so bald von Venedig losreißen. Die herr=
liche Lagunenstadt mit ihren wie auf dem Wasser
schwimmenden prächtigen Marmorpalästen, mit ihrem
tiefblauem Himmel und den leise und träumerisch
plätschernden Wogen, übte einen unwiderstehlichen
Zauber aus auf seine Phantasie und regte ihn zu
neuem dichterischen Schaffen an. Aus dieser Zeit
stammt eine Reihe von Gedichten, in denen die Ge=
danken zum Ausdruck kommen, welche bald das Meer
mit seinen geheimnisvollen unergründlichen Tiefen, bald
eine vorübergleitende Gondel, bald der nächtliche
Sternenhimmel mit seinen zahllosen im Raume kreisenden
Welten in seinem Geist wachriefen.

Gleichfalls um diese Zeit entstanden die drei speziell auf das Judentum bezüglichen Gedichte, „die drei Pilger", „der ewige Jude" und „die Bibel", sowie der erste Entwurf zu dem Drama „Il Profeta." In diesen äußert sich einerseits seine glühende Begeisterung für die erhabenen Ideen und die glorreiche Geschichte des Judentums, sowie der feste Glaube an dessen Zukunft und weltgeschichtliche Mission; andererseits kommt hier der tiefe Groll zum Durchbruch, der sich in dem Herzen des Dichters seit den Tagen seiner Kindheit angesammelt hatte über den Druck, der auf seinen Glaubensgenossen lastete und über die demütigende Zurücksetzung, die sie bei jeder Gelegenheit erfuhren, und von der seine stolze Dichterseele sich aufs tiefste verletzt fühlte. „Schon als Knabe," sagt er später in seiner Selbstbiographie,*) „fühlte ich das Blut in mir kochen bei dem Anblick all dieser Ungerechtigkeit, und kaum zum Jüngling herangereift, richtete ich all meine Gedanken und die ganze Kraft meiner Seele darauf, sie zu bekämpfen und abzuwehren. Und wenn ich um mich schaute, drängte sich mir die Überzeugung auf, daß wir, die Unterdrückten mehr wert waren, als die Unterdrücker. In jenen verachteten und abgelegenen Wohnungen blühten die schönsten häuslichen Tugenden, Ehrfurcht vor dem Alter, Achtung vor dem Weibe und Liebe zu den Eltern; dort fandest du Streben nach

---

*) Vita di Pensiero 203 ff.

Bildung und Wissen, Ausdauer und Fleiß bei der Arbeit, Vorzüge, die man zu jener Zeit bei den herrschenden Klassen vergebens gesucht haben würde." Dieser tiefe und energische Unwillen über die ungerechte und schmähliche Behandlung, unter der seine Glaubens= genossenschaft zu leiden hatte, beeinträchtigte jedoch in keiner Weise seine Liebe zum Vaterlande, sondern fachte sie im Gegenteil nur zu umso helleren Flammen an. Es ist überhaupt von eigenem psychologischem Interesse, zu beobachten, wie diese beiden Empfindungen, die Liebe zu Israel und zu Italien in dem Gemüte des Dichters so eng mit einander verbunden sind, daß sie wie zwei gleichgestimmte Saiten erscheinen, von denen jede immer mitschwingt, wenn die andere berührt wird. So sitzt er einst in traurige Gedanken versunken am Lido zu Venedig und an sein ideales wie an sein wirkliches Vaterland denkend, ruft er klagend aus:

„Zion! — Italien! o Leuchten der Welt,
Die ihr das nächtliche Dunkel erhellt,
Zum Lichte ihr führtet die Völker, zum Glanz,
Im Ruhm, wie im Leiden seid Schwestern ihr ganz.
Die Gipfel des Schönen und Wahren so steil
Erklommet ihr beide, der Menschheit zum Heil
Zu göttlicher Höhe den Menschengeist trug
Empor euer mächtiger, glänzender Flug.

Zion! — Italien! mein Herz, mein Gemüt
In flammender Liebe für euch nur erglüht.
Zion! — Italien! vor Sehnsucht verzehrt,
Nur euch meine dürstende Seele begehrt.

Verwitwet und einsam irrt Rahel umher,
Und niemand erleichtert ihr Schicksal so schwer,
In Fesseln verschmachtet Italien als Magd,
Und niemand die Fessel zu lösen ihr wagt."

Sechstes Kapitel.

Pius IX. und die Hoffnungen der Liberalen. — Viva Pio IX.! —
Ode an den Papst. — Einfluß der Reformen Pius' IX. auf die andern
Staaten Italiens. — Petition des Marchese Roberto D'Azeglio zu Gunsten
der Nichtkatholiken.

So hatte David Levi im Frühling des Jahres 1846
gesungen. Da leuchtete ihm auf einmal ein Hoffnungs=
strahl auf, und es schien als sollte sein zweifaches
Seelenleid in Bälde eine Linderung erfahren. Am
16. Juni desselben Jahres bestieg Graf Giovanni
Mastai=Ferretti unter dem Namen Pius IX. den päpst=
lichen Thron. Da von ihm bekannt war, daß er die
strengen, reaktionären Maßregeln seines Vorgängers,
Gregors XVI., nicht gebilligt hatte, knüpften die
Liberalen in Italien an seine Erhebung auf den päpst=
lichen Stuhl die weitgehendsten Hoffnungen. Und als
derselbe nun gar bald darauf eine allgemeine Amnestie
erließ und einige Reformen in liberalem Sinne in An=
griff nahm, da loderte der Enthusiasmus in den leicht
entzündlichen Gemütern der Italiener zur hellen

Flamme empor, und der neue Papst ward mit einem Schlage der gefeiertste und populärste Mann in Italien. Viva Pio Nono! hallte es von einem Ende der Halb= insel bis zum andern. Kein Wunder, daß auch unser Dichter von diesem Begeisterungssturm ergriffen wurde, und wie es allzeit des wahren Dichters Aufgabe ist, sich zum Dolmetsch dessen zu machen, was die Gemüter der Besten seiner Zeit bewegt, so drängte es auch D. Levi, den Hoffnungen und Bestrebungen aller liberalen Geister Italiens, in einer an Pius IX. gerichteten Ode dichterischen Ausdruck zu verleihen. „Er, Pius, sei von der Vorsehung dazu berufen, dem Elend und der Schmach seines Vaterlandes ein Ziel zu setzen. Ihn habe der Himmel gesandt als Retter und Befreier seines Volkes. So möge er denn das große Werk vollbringen und Italiens Stämme zu einem Bunde vereinigen, in dem Freiheit und Recht herrsche, und um alle ein Band der Liebe sich schlinge. Er möge aber auch die= jenigen nicht vergessen, die, seit Jahrhunderten unter= drückt, bis jetzt kein Erbarmen fanden, und deren Klage bisher ungehört verhallte. Es lebe droben ein Gott, der jede ihrer Thränen zähle und sammle und ihre Klagen endlich erhören werde. „Zu ihnen wende dich, o Pius," so ruft der Dichter zuletzt aus, „reiche deine mächtige, ruhmreiche Hand, die schon so vielen Ver= wundeten Heilung brachte, auch diesen Unterdrückten; nicht umsonst hat der Himmel sie inmitten so langer

3

und schwerer Leiden erhalten; ihre glorreiche Vergangenheit und das Licht, das von ihnen ausgegangen ist, deutet darauf hin, daß sie auch für die Zukunft noch zu Großem bestimmt sind." Diese Ode kam dem damals an der Spitze der liberalen Bewegung in Toskana stehenden Marchese Gino Capponi zu Gesicht, dieser las sie unter andern seinem Freunde Niccolo Tomaseo vor und beide beschlossen, dieselbe, nach eingeholter Erlaubnis des Dichters, dem Papste zu überreichen. Pius IX. nahm die Ode gnädig auf und ließ dem Verfasser seinen Dank und seinen apostolischen Segen entbieten. Ob die mildere Stimmung des Papstes gegen die Juden dem Eindrucke dieser Ode zuzuschreiben sei, oder ob sie vielmehr nur eine Folge der allgemeinen liberalen Strömung war, die damals in Italien wie in den übrigen Ländern Europas zur Herrschaft kam, läßt sich nicht mit Sicherheit feststellen. Thatsache ist, daß kurz darauf die Mauern des Ghettos auf Befehl des Papstes niedergerissen wurden. Durch die Reformen Pius' IX. war die liberale Bewegung in Italien eine so mächtige geworden, daß auch die übrigen Fürsten wohl einsehen mochten, daß sie sich derselben für die Dauer nicht würden entziehen können. Zudem reizte die Popularität, die sich der neue Papst durch seine Zugeständnisse erworben hatte, zur Nachahmung, und namentlich Karl Albert von Savoyen, in dessen Familie die ehrgeizige Tradition genährt wurde, daß sie zur Herrschaft über ganz Italien berufen sei, mochte nicht hinter dem Papste zurückbleiben, und so entschloß er sich denn nach langem Hin= und Herschwanken endlich, gegen Ende des Jahre 1847 einige der bringendsten und von der öffentlichen Meinung am lautesten ge= forderten legislativen Reformen zu gewähren. Es ver= dient zum Lobe der damaligen piemontesischen Liberalen hervorgehoben zu werden, daß sie in jenem ersten Jubel= rausche der Freiheit auch ihrer nichtkatholischen Brüder nicht vergaßen. Im Oktober 1847 waren die ersten freiheitlichen Gesetze verkündet worden und schon im November desselben Jahres wurde eine von dem Marchese Roberto D'Azeglio angeregte und von 600 der ge= bildetsten und angesehensten Männer des Königreichs unterschriebene Petition bei dem Könige eingereicht, in welcher die politische und bürgerliche Gleichstellung der Protestanten und der Juden gefordert wurde;*) eine Forderung, die erst in dem darauf folgenden Jahre ihrem vollen Umfange nach gewährt werden sollte.

---

*) Siehe J. Rignano: Della Uguaglianza civile e della libertà dei culti secondo il diritto pubblico del Regno d'Italia. Livorno 1885, S. 6.

Siebentes Kapitel.

Diese günstige Wendung der Dinge und die Hoffnung, nunmehr offen für die Sache der Freiheit und für die Einheit Italiens auftreten zu können, veranlaßte unsern Dichter, gleich vielen anderen Patrioten, die bis dahin in freiwilliger Verbannung gelebt hatten, in die Heimat zurückzukehren. Hier begann er sofort eine rastlose journalistische Thätigkeit zu entfalten und im Verein mit Lorenzo Valerio, Correnti, Spaventa, Crispi, Giuseppe La Farina, Giorgio Pallavicini und andern half er nach einander die liberalen Zeitschriften La Concordia, La Libertà, Il Diritto mitbegründen. Es kamen inzwischen die Märztage des Jahres 1848, „des großen Jahres," in dem der Geist der Freiheit wie ein Orkan durch ganz Europa dahinbrauste, daß die mächtigsten Fürsten auf ihren Thronen erbebten und die Völker von der Themse bis zum Schwarzen Meere wie auf Verabredung sich erhoben, um ihre Jahrhunderte lang mit Füßen getretenen Menschenrechte mit bewaffneter Hand zurückzufordern. Ermutigt durch den günstigen Ausgang der Revolution von Palermo und Paris und ganz besonders durch die Nachrichten von den ernsten Verlegenheiten, in denen sich die österreichische Regierung damals befand und von den Konzessionen, zu denen sie sich infolge des Wiener Volksaufstandes hatte herbeilassen müssen, erhoben sich auf einmal die Lombardei und Venedig, um das verhaßte österreichische Joch abzuschütteln. Unter der großen Zahl junger Freiwilliger, die aus allen Teilen Italiens herbeieilten, um für die Freiheit zu kämpfen, befand sich auch David Levi, der, ähnlich wie Theodor Körner, mit „Leyer und Schwert," zugleich gegen die Feinde seines Vaterlandes zu Felde zog. Seinem Hymnus auf die Revolution von Palermo ließ er einen von wilder Begeisterung durchglühten Kriegsgesang „L'Italiana" folgen, der von dem Maestro Toroni in Musik gesetzt, als eine Art italienischer Marseillaise mit großem Beifall aufgenommen und vielfach gesungen wurde. Die nationale Partei in Italien und namentlich in Piemont drängte zur That und forderte sofortige Kriegserklärung gegen Österreich. Allein die Regierungen zögerten; sie wollten erst abwarten, welche Wendung die Dinge in der Lombardei nehmen würde. Als aber die Nachricht von dem Siege der Aufständischen und dem Rückzuge der österreichischen Besatzung eintraf, da erhob sich in ganz Italien ein

Sturm der Begeisterung und Carl Albert rückte an
der Spitze seiner Truppen in die Lombardei ein. Auch
die andern italienischen Staaten folgten jetzt seinem
Beispiele und sandten Hilfstruppen auf den Kriegsschau=
platz, und der Papst selbst ermahnte zu einträchtigem
Zusammenhalten und eiferte zur Teilnahme an dem
Unabhängigkeitskriege an. So schien mit dem Früh=
ling 1848 auch ein neuer Völkerfrühling für Italien
gekommen zu sein. Man gab sich in Bezug auf den
Ausgang des Krieges den glänzendsten Illusionen hin
und begann nun ernstlich zu erwägen, was nach dem
Siege geschehen solle. In jenen Tagen froher Er=
wartung veröffentlichte David Levi sein erstes Buch
Patria ed Affetti, welches eine Sammlung der von
uns bereits erwähnten und mehrerer anderer Gedichte
ähnlichen Inhalts enthält. Die einleitenden Worte,
die er diesem Buche vorangehen ließ, sind ebensowohl
für die Zeit, als auch für den Gedankenkreis, von dem
der Dichter damals beherrscht wurde, charakteristisch
und interessant.

Er begrüßt mit Begeisterung die neue Zeit und
die Morgenröte der Freiheit, die für Italien angebrochen
sei. Er sieht die Träume seiner ersten Jugendjahre in
Erfüllung gehen. Ein neuer Geist ist erwacht und
durchschreitet die Halbinsel von einem Ende bis zum
andern. Gleich gewaltigen Bergströmen haben die
Völker Italiens sich in die lombardische Ebene ergossen,

um den Kampf für die Freiheit aufzunehmen und durch=
zufechten. Der Sieg kann verzögert werden, aber nicht
ausbleiben, denn wenn eine Nation will, giebt es keine
menschliche Macht, die etwas gegen sie auszurichten ver=
möchte; wenn der Geist der Freiheit sich eines Volkes
bemächtigt hat, wer könnte seinem gewaltigen Vorwärts=
bringen Einhalt thun? Wird es aber gelingen, den
Traum der Jahrhunderte von einem freien und einigen
Italien zu verwirklichen? Gewiß wird es dazu noch
langer Zeit bedürfen. Denn selten oder niemals ge=
langt die Idee auf dem geradesten und kürzesten Wege
zur Erfüllung. Die Wirklichkeit hat ihre Ansprüche,
das praktische Leben fordert seine Opfer und der Erfolg
seine Zugeständnisse. Aber das Ziel muß fest im Auge
behalten werden. Einigkeit! sei daher das Losungswort
jedes guten Italieners, Einigkeit! das Feldgeschrei aller
derjenigen, die ein starkes und geeinigtes Vaterland als
höchstes Ziel erstreben.

Der Zusammenschluß einer Nation zu einem ein=
heitlichen Volksorganismus kann aber auf zwiefache
Weise geschehen: entweder durch die Konzentrierung
aller Macht in einer Persönlichkeit und aller treibenden
Kräfte der Nation in einer Stadt, oder durch einen
langsam sich vollziehenden Ausgleichungs= und An=
passungsprozeß der in den verschiedenen Einzelstaaten
herrschenden Gesetze, Sitten und Regierungseinrichtungen.
Nur auf diesem letzteren Wege kann die Einheit Italiens

zu Stande kommen. Ihre notwendigen Vorbedingungen sind die Gleichheit aller Bürger vor dem Gesetz und eine durchaus demokratische Staatsverfassung. Welches auch immer die zu wählende Regierungsform sein möge, so muß sie auf demokratischen Grundlagen aufgebaut werden und aus dem Willen des ganzen Volkes hervorgehen. Soll daher die künftige Regierungsform die Monarchie sein, so kann und darf es nur eine von dem ganzen Volke frei gewählte repräsentative Monarchie sein. Vor allem aber thut not, daß die verschiedenen Stämme Italiens in engere wirtschaftliche und geistige Beziehungen zu einander treten und so allmählich das Gefühl der Solidarität und der Zusammengehörigkeit unter ihnen erstarke. Die Erreichung dieses Zieles kann durch Abhaltung wissenschaftlicher und litterarischer Kongresse, durch die Feier gemeinsamer, nationaler Feste, sowie durch Ausbreitung eines Eisenbahnnetzes über die ganze Halbinsel wesentlich gefördert und erleichtert werden.

Achtes Kapitel.

Dies waren ungefähr die Gedanken, die David Levi in der Einleitung zu seinem, im Frühling des Jahres 1848 erschienenen Buche „Patria ed Affetti", in der sichern Erwartung, daß der begonnene Krieg mit dem Siege Italiens endigen würde, entwickelte. Allein diese Erwartung sollte bekanntlich aufs grausamste getäuscht werden. Die geringen und schlecht geschulten italienischen Streitkräfte unterlagen bald der Übermacht der von Radetzky geführten österreichischen Truppen, welche in kurzer Zeit die Lombardei und Venedig wieder eroberten. Vergebens versuchte Karl Albert im März des Jahres 1849 noch einmal das Waffenglück, durch die Schlacht bei Novara war der Krieg definitiv zu Gunsten Österreichs entschieden. Nicht wenig hatten zu diesem Ausgange beigetragen die inneren Unruhen, welche in jedem der Einzelstaaten Italiens ausgebrochen

waren, sowie die Uneinigkeit derselben untereinander,
wodurch ein kräftiges und erfolgreiches Zusammenwirken
unmöglich wurde. In ganz Italien trat wieder einmal
eine Reaktion ein und der Absolutismus feierte seine
letzten Triumphe. Selbst Pius IX., der, als er die
von ihm selbst heraufbeschworenen Geister wieder zu
bannen vermocht hatte, vor der Wut des Pöbels aus
Rom hatte fliehen müssen, zog jetzt, unter dem Schutze
der französischen Waffen dahin zurückgekehrt, die von
ihm gewährten Freiheiten zurück und stellte das absolute
Regime wieder her. Nur in Piemont, wo an Stelle
Karl Alberts, der nach der unglücklichen Schlacht bei
Novara nach Portugal entflohen war, der junge Viktor
Emanuel den Thron bestieg, blieben die liberalen In=
stitutionen unangetastet stehen. Die schmerzliche Ent=
täuschung, mit der die Liberalen Italiens das von
ihnen heiß ersehnte und so nahe geglaubte Ziel wieder
in weite Ferne gerückt sahen, vermochte jedoch nicht den
Mut und die Begeisterung unseres Dichters herab=
zustimmen und die Hoffnung auf eine bessere Zukunft
und auf den endlichen Sieg seiner Ideale in seiner
Brust zu ersticken. Und um seine Landsleute zur Aus=
dauer im Kampfe für die heilige Sache anzufeuern,
schrieb er sein Drama „Die Märtyrer von Neapel im
Jahre 1799", welches in Turin wiederholt mit großem
Erfolge aufgeführt wurde. Gleichzeitig arbeitete er
zusammen mit dem Philosophen Ausonio Franchi an

der Zeitschrift „La Ragione" mit, wo er eine Reihe
interessanter und bedeutsamer Artikel über Giordano
Bruno veröffentlichte. Von den Liberalen als Kandidat
für das sardische Parlament aufgestellt, wurde seine
Wahl von den Reaktionären und Klerikalen aufs
heftigste bekämpft und vereitelt. Allein durch diese
Niederlage nicht entmutigt, fuhr er fort, für die liberale
Sache unermüdlich zu wirken. Im Vereine mit La
Farina und Giorgio Pallavicini begründete er die
„Nationale Vereinigung", welche bald der Brennpunkt
für die Einheitsbestrebungen aller Liberalen Italiens
wurde. Als der Krimkrieg ausbrach, trat David Levi
in einer Reihe von Artikeln, die er unter dem Pseudo-
nym „Julius" in der „Ragione" veröffentlichte, mit
großer Entschiedenheit für die Beteiligung Sardiniens
an demselben ein. Er erkannte mit staatsmännischem
Blick, daß der Anschluß Sardiniens an die Liga der
Westmächte dazu dienen würde, die Aufmerksamkeit
Europas auf Italien wach zu erhalten, und der Erfolg
entsprach diesen Erwartungen. Italien erhielt dadurch
Gelegenheit seine Stimme auch bei dem Friedenskongreß
zu Paris laut zu erheben. Als sodann im Jahre 1859
der Krieg ausbrach, in dem Italien nicht mehr allein
gegen Österreich stand, sondern in Frankreich einen
mächtigen Verbündeten hatte, veröffentlichte David Levi
unter dem Titel „Martirio e Redenzione" eine Sammlung patriotischer Gesänge, welche in flammenden Worten

zum heiligen Kampfe gegen den Erbfeind und Bedrücker des Vaterlandes aufforderten. Das Buch ist Giuseppe Garibaldi gewidmet und beginnt mit einem Kriegslied, welches bereits vorher für die von Garibaldi angeführte Freiwilligen-Legion gedichtet und auf dessen Veranlassung in Musik gesetzt worden war. Wunderbare Fügung der Vorsehung! Zum zweitenmale zogen jetzt die Nachkommen der alten Römer unter den Klängen eines von einem Sohne Israels und Nachkommen der alten Zionssänger verfaßten Liedes in den Kampf für die Freiheit.

Neuntes Kapitel.

Eine neue Sammlung patriotischer Gesänge. — David Levi wird in das italienische Parlament gewählt. — Parlamentarische Thätigkeit. — Seine Polemik gegen die Fortdauer der weltlichen Herrschaft des Papstes zieht ihm den Haß der klerikalen Partei zu, die seine Wiederwahl vereitelt. — Vollendung des Dramas „Il Profeta". — Im Jahre 1877 wird er wieder ins Parlament gewählt, zieht sich aber kurz darauf definitiv von dem politischen Leben zurück.

Den Sieg der Verbündeten, der im wesentlichen durch die Schlacht bei Magenta entschieden wurde, begrüßte David Levi mit einer neuen Sammlung patriotischer Gesänge, die er unter dem bezeichnenden Titel „Von Novara nach Magenta" herausgab. In dem

darauffolgenden Jahre (1860) wurde er zum erstenmale
ins Parlament gewählt. Hier trat er in enge freund=
schaftliche Beziehungen zu Rattazzi und Cavour, welch
letzterer ihn wiederholt mit wichtigen, politischen,
Missionen betraute. In der historischen März=Sitzung,
in welcher Cavour zum erstenmale öffentlich Rom als
zukünftige Kapitale Italiens proklamierte, brachte D. Levi
folgende Tagesordnung ein: „Indem die Kammer die
Regierung auffordert, dafür zu sorgen, daß jede fremde
Occupation in Rom aufhöre, und ein organisches Statut
zu schaffen, welches geeignet sei, den Staat auf fester
und freiheitlicher Grundlage aufzubauen und ihn von
jeder fremden Autorität zu emanzipieren, geht dieselbe
zur Tagesordnung über." In der ausführlichen Moti=
vierung dieses Antrages betonte er die Notwendigkeit,
dem festgefügten kirchlichen Organismus einen ebenso
festen einheitlichen Staatsorganismus gegenüberzustellen,
einen Staat, der seiner eigenen Kraft und seines eignen
Rechtes bewußt, kein anderes Gesetz über sich anerkenne
als das der ewigen Gerechtigkeit und kein anderes Ziel
habe als die Wohlfahrt aller seiner Bürger. In dem=
selben Jahre lenkte er die allgemeine Aufmerksamkeit
auf sich durch sein entschiedenes und mannhaftes Auf=
treten in der Bekämpfung der Regierungsvorlage, ver=
möge welcher der Ausbau der süditalienischen Eisen=
bahnen einer ausländischen Gesellschaft übertragen werden
sollte. In einer, von patriotischem Feuer durchglühten

und an einzelnen Stellen zu schwungvollem Pathos sich er=
hebenden Rede führte er aus, wieviel vorteilhafter in finanzi=
eller, ökonomischer und politischer Beziehung es wäre, wenn
der Staat die großen Linien auf eigene Rechnung und die
kleineren mittels Wettbewerbung der nationalen Privat=
industrie ausführen ließe. So werde der Unternehmungs=
geist im Volke angeregt, die schlummernden Energieen
geweckt und die nationale Arbeitskraft ermutigt und
gefördert werden, anstatt daß durch die Annahme der
Regierungsvorlage ein Teil des nationalen Kapitals
ins Ausland wandere, wichtige Eisenbahnstrecken in den
Händen einer fremden Gesellschaft verbleiben und der
heimische Unternehmungstrieb im Keime erstickt werde.
„Nicht also, meine Herren, ruft er aus, werden Nationen
zu neuem Leben erweckt. Nur aus den eigenen Kräften
eines Volkes kann ihm ein dauerndes und kraftvolles
Leben erblühen."*) Die Regierungsvorlage, deren
Referent Ruggiero Bonghi war, erhielt trotz dieser
energischen Opposition die Majorität. Als aber kurz
darauf die ausländischen Konzessionäre auf die Unter=
nehmung verzichteten, nahm die Regierung selbst den
ersten Antrag David Levis und seiner Freunde, die
beabsichtigten Eisenbahnlinien auf Staatskosten herzu=
stellen, wieder auf. Davon mußte man jedoch bald,
wegen der unerfreulichen Finanzlage wieder abkommen,
und am 21. August 1861 wurde mittels Parlaments=

---

*) Atti del Parlamento italiana, tornato 263, Luglio 1861.

beschlusses die Konzession zum Bau der Südbahn einer italienischen Gesellschaft mit Graf Bastogi an der Spitze erteilt.*) So trugen die patriotischen Bestrebungen D. Levis schließlich doch den Sieg davon. Seinen liberalen und humanitären Prinzipien getreu war dieser stets bereit, jeden Angriff auf die freiheitlichen Institutionen abzuwehren und für die Förderung der Wohlfahrt der arbeitenden Klassen, der Armen und Bedrückten energisch und nachdrücklich einzutreten. So brachte er im Jahre 1862 einen Gesetzesvorschlag ein für die staatliche Adoption der Kinder der im Kampfe gegen das Brigantentum in Süditalien gefallenen Soldaten; so kämpfte er in dem darauffolgenden Jahre an der Seite Francesco Crispis für die Pluralität der Banken und so trat er endlich, auch die geistigen Interessen seiner Glaubensgenossenschaft nicht vergessend, für die einheitliche Regelung der Verfassung aller israelitischen Gemeinden Italiens ein, deren Bestand und Autonomie er sichergestellt wissen wollte. Als die „römische Frage" eine brennende wurde und in den Vordergrund des öffentlichen Interesses trat, gab er kurz nacheinander zwei Schriften heraus, in denen er mit philosophischen Argumenten gegen die Fortdauer der weltlichen Herrschaft des Papstes polemisierte und nachzuweisen suchte, daß diese sowohl für den Staat als

---

**) Isidore Sachs: L'Italie, ses finances et son développement économique (Paris 1885), p. 1102.

auch für den Katholizismus selbst verderblich sei. Diese
beiden Schriften wurden von der päpstlichen Zensur auf
den Index gesetzt. Der Freimut, mit dem er dasjenige
offen aussprach, was alle Liberalen Italiens damals
dachten, und namentlich seine scharfe Polemik gegen die
September-Konvention mit Frankreich, wonach Rom
päpstlich bleiben und die Hauptstadt Italiens nach Florenz
verlegt werden sollte, trugen ihm viele Feinde und den
Verlust seines Mandates ein. So mußte er jetzt an
sich selbst die Wahrheit dessen erfahren, was er im
Jahre 1847 in der Einleitung zu seinem Buche „Patria
ed Affetti“ ausgesprochen hatte. „Zugeständnisse machen,
so schreibt er daselbst, ist das letzte Wort einer im
Grunde skeptischen und schwächlichen Zeit. Wer dieses
Wort begreift und sich dabei beruhigt, für den sind die
Ehrenbezeigungen und die Huldigungen der Zeitge-
nossen; den Andern bleibt — die Zukunft.“ Ins Privat-
leben zurückgekehrt wandte sich D. Levi wieder ausschließlich der Poesie und den philosophischen Studien
zu. Die Muße, die ihm das Fernbleiben von dem
Schauplatze der politischen Kämpfe gewährte, benutzte er
zur Umarbeitung und Vollendung seines, bereits im
Anfang der vierziger Jahre, in Venedig entworfenen
dramatischen Hauptwerkes „Il Profeta“, dessen aus-
führlicher Besprechung wir in dieser Schrift einen besonderen Abschnitt gewidmet haben. Im Jahre 1877
wurde er zwar abermals im Parlament gewählt. Als

er jedoch in der darauffolgenden Legislaturperiode von der klerikalen Partei heftig bekämpft, im Wahlkampfe unterlag, zog er sich definitiv von dem politischen Leben zurück.

Zehntes Kapitel.

David Levi widmet sich ausschließlich der Philosophie und der Poesie. — Selbstbiographie. — Ideen über Religion und Kunst. — Der Streit zwischen Staat und Kirche und dessen Folgen für die Gesellschaft. — Die Ursachen des Anwachsens der anarchistischen Bewegung und die Mittel zur Bekämpfung derselben. — Die Aufgabe der Kunst in der Gegenwart. — Der Verismus.

Es begann jetzt für D. Levi eine Zeit rastlosen und fruchtbaren Schaffens, in welcher er, mit der durch die Jahre gewonnenen Reife und mit philosophischer Vertiefung, die Ergebnisse seiner reichen Erfahrung und seiner ausdauernden Gedankenarbeit prüfend durch= musterte und in einer Reihe von Schriften niederlegte, welche von der Vielseitigkeit seines Wissens, seinem dialektischen Scharfsinn und dem hohen und glänzenden Fluge seiner Phantasie ein gleich ehrendes Zeugnis ablegen. Schon im Jahre 1875 war der erste Teil seiner Selbstbiographie „Vita di Pensiero" erschienen. Darauf folgte im Jahre 1882 der zweite Teil derselben unter dem Titel „Vita di Azione". Diese Selbst=

biographie ist ein Buch, in welchem, ähnlich wie in Dantes „Convito" und „Vita Nuova", oder in Giordano Brunos „Eroici furori," Poesie und Prosa mit einander abwechseln. Die einzelnen Phasen seiner innern geistigen Entwickelung, sowie die leitenden Ge= danken, die ihn von Jugend auf beschäftigt haben, werden darin in je einer Reihe von Gedichten zu= sammengefaßt und in einer erklärenden Einleitung zu denselben des Näheren auseinandergesetzt und im Zu= sammenhange dargestellt. Wir finden da eine Fülle origineller Gedanken und tiefburchbachter Urteile und Anschauungen über religiöse, philosophische, ästhetische, politische und soziale Fragen. Die Religion ist ihm eine ebenso notwendige wie segensvolle Macht im Leben des Einzelnen und der Gesamtheit. Nichts Größeres, sagt er, giebt es für mich, als das religiöse Empfinden. Dieses ist die Macht, die uns über die Alltäglichkeit des irdischen Lebens hinaushebt und der Seele weite und glänzende Horizonte eröffnet, zu denen sie empor= strebend, Reinheit und Würde erlangt. Und wie das religiöse Empfinden dem Einzelnen den Stempel einer eigentümlichen Größe aufdrückt und seinem Charakter Hoheit verleiht, so bildet es auch den wahren Genius eines Volkes. Zu den Reizen der Kunst fügt es das Feuer der Begeisterung und die hinreißende Gewalt einer reinen Liebe hinzu. Was die Poesie der heiligen Schrift so ewig bewunderungswert macht, das ist die

Begeisterung, die in ihr flammt, das ist das starke Empfinden, welches noch nach so vielen Jahrhunderten uns ergreift und zu Herzen spricht. Den immer mehr sich verschärfenden Gegensatz zwischen Staat und Kirche, der das religiöse Empfinden schädigt und zu zerstören droht, betrachtet er daher als ein Unglück für Italien und als ein Hindernis für seine gedeihliche Entwickelung. Die Schuld daran trägt die klerikale Partei, die durch ihre Herrschsucht und durch ihr hartnäckiges Festhalten an den Ansprüchen auf weltliche Gewalt, eine Verständigung zwischen den beiden Mächten unmöglich macht. So stehen sich Staat und Kirche feindlich gegenüber, unterwühlen und schwächen sich gegenseitig und jeder arbeitet auf den Ruin des andern los.

Daraus entsteht jener krankhafte Indifferentismus, jener zersetzende und auflösende Skeptizismus, in dem jeder Enthusiasmus erstarrt, jede edle Regung erstickt wird, und der damit enden muß, den offenen Krieg zwischen beiden Mächten zu entzünden, der für die Völker stets verhängnisvoll und verderbenbringend ist.*) In dem durch diese Zustände mit herbeigeführten Verfalle des religiösen und moralischen Sinnes im Volke sind auch die tieferliegenden Ursachen, der in neurer Zeit zu einer drohenden Gefahr angewachsenen, sozialen Bewegung zu suchen. Diese Gefahr bemüht man sich vergebens mit den hergebrachten Mitteln zu beschwören.

---

*) Vita di Pensiero S. 22 f.

Das Übel, welches die Leidenschaften des Pöbels erregt und reizt, ist nicht allein ein materielles, sondern zum großen Teil ein moralisches. Man wird mit Hilfe legislativer und kommerzieller Reformen, durch Vermehrung der Produktion und Gründung gegenseitiger Unterstützungs= und Unfallversicherungsgesellschaften vielleicht dahin gelangen können, die materielle Wohlfahrt der Massen zu fördern, nicht aber den Menschen als moralisches Wesen zu befriedigen. Das Tier kann für den Augenblick gesättigt und beschäftigt werden, aber der Mensch wird deshalb noch nicht zur Ruhe kommen. Denn der Mensch lebt eben nicht von Brot allein. Gebet dem Leibe, was dem Leibe not thut, aber auch dem Geiste und dem Herzen, was Geist und Herz verlangen. Der Mensch ist vor allem ein moralisches Wesen und dieses ist am schwierigsten zu befriedigen. Beherrscht, wie er ist, von einem inneren unbestimmten Verlangen nach Glück und Zufriedenheit, muß ihm eine diesem Verlangen entsprechende Nahrung gereicht werden. Ist der moralische und geistige Teil in ihm gesättigt, so bedarf es wenig, um den Körper zu befriedigen. Der Geist beherrscht die Glieder, nicht umgekehrt die Glieder den Geist. Um das geistige und moralische Leben der Nation zu kräftigen, muß vor allem die Religion wieder Macht über die Herzen gewinnen. Aber das wird sie erst dann können, wenn sie auf die weltliche Herrschaft verzichtend, sich in ihre eigne Sphäre

zurückgezogen und alle heidnischen Elemente aus sich
ausscheidend, sich wieder zu jener rein geistigen Gottes=
idee wird erhoben haben, wie sie von den edelsten
Denkern aller Zeiten geahnt und von den Propheten
Israels verkündet und gelehrt wurden. Mit dem
Glauben an einen heiligen und gerechten Gott würde
Gerechtigkeit und ernster Lebenswandel wieder im Volke
heimisch werden, denn nur große Ideale und frucht=
bare Wahrheiten bilden und erziehen die Völker und
treiben sie zu hochherzigen Thaten an.*) Neben der
Religion ist es vornehmlich auch die Kunst, die ver=
edelnd auf den Volksgeist zu wirken vermag. Aber
um zu erheben, muß sie selbst erst einen höheren Stand=
punkt einnehmen, muß sie sich von dem leeren Formen=
kultus befreien, der nur darauf ausgeht, die Sinne zu
reizen, ohne zum Herzen und zum Geiste zu sprechen.
Die von manchen vertretene Anschauung, daß die Kunst
um ihrer willen selbst da sei, und ihren Zweck nicht außer,
sondern in sich selbst habe, ist die Frucht der Jahr=
hunderte der Knechtschaft und des Servilismus. Wenn
der Künstler das Selbstdenken aufgegeben hat, beschränkt
er sich darauf, die Werke und Gedanken anderer nach=
zuäffen; wenn er auf seine Freiheit verzichtet hat, ver=
liert das Leben seine Bedeutung für ihn, und die Kunst
sinkt zu einem bloßen Zeitvertreib, zu einem leeren

---

*) Daselbst S. 197 f., vergl. damit Einleitung zum zweiten
Teile des „Profeta" p. LXXVIII f.

Spiele mit Worten oder Farben herab. Die wirklich
großen italienischen Meister der Vorzeit hätten eher
Pinsel und Feder zerbrochen, als daß sie sie im Sinne
dieser Theorieen benutzt hätten. Ihnen war die Kunst
ein hochheiliges Amt, eine erziehliche Macht, ein Mittel
zur Förderung der Kultur, der Humanität, der Moral
und die Menschen zu bessern und zu veredeln. Aus
dieser Anschauung gingen das unsterbliche Poem Dantes
und die Meisterwerke eines Michelangelo und eines
Leonardo da Vinci hervor, und wie Michelangelo und
Dante die besten und edelsten Geister heranbildeten,
welche die Geschichte Toskanas aufzuweisen hat, so
waren es die Parini, Alfieri, Niccolini und Leopardi,
welche die Erhebung Italiens aus schmachvoller Knechtschaft zur Freiheit und Unabhängigkeit vorbereitet und
mächtig gefördert haben. So betrachtete es die wahre
Kunst in Italien stets als ihre vornehmste Aufgabe, für
die höchsten und edelsten Bestrebungen, die zu ihrer Zeit
in der Volksseele sich ahnungsvoll regten, die geeignetste
Form zu schaffen und in ihren Werken die Zukunfts-
gedanken für die Gegenwart zu verkörpern.
Zu diesem ihrem ursprünglichen und heiligen Amte muß
die Kunst von neuem aufgerufen werden, und sie wird
sich auch für das neue Italien als eine wirksame und
mächtige Erzieherin erweisen. Aber um den Forde-
rungen der Zeit gerecht zu werden, und in der Gegenwart das zu leisten, was sie in der glorreichen Ver-

gangenheit geleistet hat, muß sie die von ihr bis jetzt gewandelten Bahnen verlassen. Nicht mehr darf sie, die lange genug als gehorsame Dienerin zu den Füßen der Kirche und des Kaisertums gesessen, sich fortan an Fürstenglanz oder an frommen Täuschungen und heiligem Blendwerk begeistern. Ihre Muse sei fortan die Wahrheit, und ihr Ziel Erleuchtung und sittliche Vervollkommnung der Menschen. Sie soll sich zur Vorkämpferin der sozialen Gerechtigkeit, der Brüderlichkeit und Menschenliebe machen, sie soll die Geister zu den von der Wissenschaft neu erschlossenen Horizonten erheben, und die neuen Ideen, welche das Zeitalter bewegen, sowie die neuentdeckten Kräfte, die das wirkliche Leben von Grund auf umgestaltet haben, in entsprechenden künstlerischen Formen zur Darstellung bringen. Dieser gesunde Realismus ist aber wohl zu unterscheiden von dem einer modernen Schule, welche, für die von ihr verfolgte Kunstrichtung die barbarische Bezeichnung Verismus erfunden hat, und die als wirklich nur dasjenige erkennen will, was sich mit leiblichen Augen sehen und mit Händen greifen läßt. Als ob die Empfindung, die uns beseelt, der Gedanke, der uns zur That treibt, nicht die höchste Realität, nicht die unmittelbarste Gewißheit enthielten.*) So kann und soll durch das Zusammenwirken von Religion, Wissenschaft und Kunst in dem neuen Italien eine geistige Atmosphäre geschaffen

---

*) Vita di Azione p. 93f.

werden, in der die Einzelnen, wie die Gesamtheit gereinigt und erhoben, ihre Kräfte zu dem einen Ziele entfalten, die materielle Wohlfahrt und die geistige und moralische Vervollkommnung aller zu fördern.

Elftes Kapitel

David Levi über das Judentum. — Der Antisemitismus. — Die wunderbare Lebenskraft des jüdischen Volkes. — Die Hauptgedanken des Judentums lassen sich auf drei zurückführen: Gott, Gesetz und Gesellschaft. — Gegensatz des Judentums zu den andern Religionen. — Die Geschichte Israels kann in drei große Epochen geteilt werden: 1. Israel als Nation. — 2. Israels Leben unter den Völkern. — 3. Israels Leben mit den Völkern. — Der moderne Kampf gegen die Juden ist zum Teil auf klerikalen Fanatismus und zum Teil auf die anarchische und atheistische Bewegung zurückzuführen. — Das Judentum wird auch diesmal wie bis jetzt unbesiegt bleiben. — Seine materielle Geschichte ist zu Ende, nicht aber die intellektuelle und moralische. — Es wird alle Stürme überdauern kraft der Wahrheit, die es vertritt.

Von besonderem Interesse sind die Ideen, die unser Dichter in dem letzten Kapitel des genannten Buches als Einleitung zu den Gedichten „die drei Pilger", „der ewige Jude" und „die Bibel" über Juden und Judentum entwickelt. Da dieselben im wesentlichen, wenn auch näher ausgeführt und von neuen Gesichtspunkten aus beleuchtet, in einer späteren, im Jahre 1884

erschienenen Schrift desselben, „Il Semitismo" sich wieder=
holt finden, so werden wir in unserer folgenden Dar=
stellung vorgreifend auch diese letztere berücksichtigen.
Bemerkt sei nur noch, daß während der Dichter in seiner
Selbstbiographie die praktisch=juridische Seite der Juden=
frage, als bereits erledigt außer Acht lassen zu können
vermeint und nur deren philosophisch=historische Seite
zum Gegenstande seiner Betrachtung machte, er in seiner
späteren Schrift, die zur Zeit der Hochflut der Stöcker=
schen Agitation erschien, mit tiefem Schmerze bekennen
mußte, daß er sich bitter getäuscht hatte und daß der
Kampf, den er für ausgefochten gehalten, noch lange
nicht zu Ende war. Der Antisemitismus, sagt er,
war und ist zu jeder Zeit ein Vorläufer der allgemeinen
Reaktion, die den moralischen Verfall einer Nation an=
kündigt. Die Reaktion beginnt immer mit der Auf=
reizung zum Haß gegen die Juden und wendet sich
dann überhaupt gegen die arbeitsamen und intelligenten
Klassen der Bevölkerung. So gereicht der Antisemitis=
mus stets zum Schaden des Staates, der ihn duldet
oder gar begünstigt. Es scheint, als ob die Geschichte
die dem Patriarchen Abraham gewordene Verheißung
bestätige: „Wer dich segnet, wird gesegnet, wer dir
flucht, wird verflucht werden." In der That hat es
sich im Altertum wie in der neuen Zeit stets bewährt,
daß diejenigen Völker oder Individuen, die gegen Israel
die Hand zum Schlage erhoben, ihrerseits geschlagen

wurden, während Israel trotz aller Verfolgungen besteht und fortdauert. Die Existenz dieses Volkes ist eines der merkwürdigsten, wunderbarsten Probleme der Menschengeschichte. Wir sehen, daß alle historischen Erscheinungen, die man bis jetzt hat beobachten können, nur ihrer Zeit angehören; sie treten durch das Zusammenwirken verschiedener Umstände ins Dasein und verschwinden früher oder später, der Macht anderer Umstände unterliegend. Nur eine Thatsache erhebt sich als alleinige Ausnahme von dieser allgemeinen Regel und will sich nicht diesem historischen Gesetze unterordnen. Ein Volk schreitet mitten durch die ganze Geschichte der Menschheit hindurch, spiegelt in sich den größten Teil ihrer Geschehnisse wieder und taucht aus allen Prüfungen und Umwälzungen der Zeiten immer wieder lebendig empor. Man wird dagegen einwenden wollen, daß auch andere Völkerstämme, z. B. in Indien und Amerika die Vernichtung ihrer Selbständigkeit in gleicher Weise überlebt haben. Es darf jedoch nicht übersehen werden, daß diese ein völlig isoliertes Dasein geführt haben und weder durch ihre Ideen noch durch ihre Thaten auf die übrige Menschheit irgend einen Einfluß geübt haben. Der Jude hingegen ist den großen geschichtlichen Vorgängen niemals fremd geblieben. Wir sehen ihn zu jeder Zeit mit seinen religiösen und moralischen Ideen, mit seiner Thatkraft und seinem Handelsgeiste in den Entwickelungsprozeß der Menschheit eingreifen. Wie eine konzentrierte Kraft, wie ein lebendiger Organismus, durchschreitet er die großen historischen Epochen des Altertums und der neuern Zeiten. Um von den mythischen und patriarcha= lischen Zeiten zu schweigen, begegnen wir ihm bei den geschichtlichen Umwälzungen der großen assyrischen, babi= lonischen und ägyptischen Reiche, sowie später in den Zeiten Alexanders, Cäsars und Titus'. Er nimmt ebenso an der philosophischen Bewegung der alexandrinischen Schule teil, wie an der Ausgestaltung römischer Rechtssysteme. Er wirkt bei der Entstehung des Christentums mit und einige Jahrhunderte später in gleicher Weise bei der des Islams; er ist bei den Kreuzzügen, bei der religiösen Reform, bei der Renaissance und bei der französischen Revolution, bald als Besiegter, bald als Bundesgenosse beteiligt. Und während all dieser wechselvollen Zeiten hört er nicht auf zu arbeiten, zu kämpfen, zu denken, stets der Menschheit und dem Volke, unter dem er sich befindet, seinen Tribut an Gedanken, an Thaten, an Thränen und an Hoffnungen darreichend. Diese be= stimmte und deutlich hervortretende Thatsache einer un= erschütterlichen Fortdauer inmitten so großen Wechsels von Ereignissen, Völkern und Reichen ragt hoch über die gewöhnlichen geschichtlichen Phänomene hinaus und nimmt den Charakter eines höheren Gesetzes an, eines Prinzips, welches sich auf die ihm innewohnende rege Kraft stützt und zu einem festen Ziele emporstrebt. Welches ist dieses Prinzip? Welches die Ideen, die es vertritt und welches das Ziel, zu dem es hinstrebt? Die Ideen, zu deren Träger und Verkünder Israel berufen ward, so antwortet der Dichter auf die obigen Fragen, sind einfach, wie alles wahrhaft Große und Bleibende und lassen sich auf die drei folgenden zurückführen: 1. Gott, 2. das Gesetz, 3. die Gesellschaft. Aus dem Antagonismus, in den Israel durch diese Ideen zu der übrigen Welt trat und aus dem Kampfe, den es für sie zu bestehen hatte, lernt man seine ganze Geschichte von den ältesten bis herab zu den neuesten Zeiten begreifen. Aus ihnen fließt der Glanz, der es umstrahlt und zugleich alles Unheil, das sich über seinem Haupte entlud; sie bilden seinen unsterblichen Ruhm und zugleich sein endloses Märtyrium.

Alle Völker des Altertums suchten ihre Gottheit in den verschiedenen Naturerscheinungen, die in irgend einer Weise ihre Sinne oder ihre Phantasie lebhaft erregten, Gefühle der Wollust oder des Schmerzes in ihnen erzeugten, sie mit Hoffnung oder mit Furcht und Schrecken erfüllten. Mit dem rohesten Fetischismus beginnend, stiegen sie gleichsam allmählich die Stufenleiter der sichtbaren Schöpfung hinan und beteten nach einander oder auch abwechselnd die Elemente, die Pflanzenwelt, die Tierwelt, die Sternenwelt und endlich den Menschen selbst an. Sie gingen von der Welt mit ihren vielfältigen und widersprechenden Erscheinungen aus und gelangten so notwendig zu ebenso vielfältigen und widersprechenden Gottheiten, die in ewigem Kampfe mit einander lagen. Das Judentum schlug den völlig entgegengesetzten Weg ein. Von dem Einzelnen, welches ja niemals das Allgemeine zu erklären vermöchte, absehend, erhebt es sich über die Teilerscheinungen zum Ganzen, es bleibt nicht bei der äußeren Welt mit ihren Widersprüchen, noch bei dem Menschen mit seiner Selbstsucht, mit seinen Trieben und Leidenschaften stehen, sondern schwingt sich zu der großen, das All durchdringenden Kraft empor und verkündet zunächst als erste Ursache den schaffenden Weltengeist, das Unbedingte — Gott. Von Gott, den es nicht in der Welt zu suchen braucht, sondern den es fühlt und besitzt, gelangt es sodann zur Setzung der Welt, als seiner Schöpfung. „Gott ist, also ist auch die Welt", sagt das Judentum. Sein Gott ist daher nicht ein Phänomen, ein Accidens, sondern er ist das Sein selbst, die Realität aller Realitäten, das Leben alles Lebens, der Urgrund, aus dem alles fließt und zu dem alles zurückströmt. Der Dualismus von Sein und Nichtsein, von Leben und Tod, von Zeit und Ewigkeit beruht nur auf der relativen, der Menschennatur an= geborenen Anschauungsweise. In Gott aber heben sich diese Gegensätze auf, in Ihm existieren weder Zeit noch Raum; Er ist der Unveränderliche, der unbedingt Seiende, der Eine und Unendliche. Und wie Er unendlich ist an Kraft und Wesenheit, so

ift Er unendlich an Güte, an Gerechtigkeit und an
Heiligkeit.

Diese Gottesidee brachte Israel bereits in Gegensatz
zu den andern Völkern, deren Gottheiten durchweg der
Welt der Erscheinungen und den im Universum wirk=
samen Einzelkräften entnommen waren. Der Gegensatz
wurde jedoch noch schärfer und bestimmter, sobald man
von den Ideen zu ihrer Darstellung und Simbolisierung
im Ritus und im Leben herabstieg. In der That ent=
sprachen den vielfältigen, sonderbaren und oft monströsen
Gottheiten der alten Völker ebenso vielfältige, sonderbare
und monströse Gebräuche. Das ganze religiöse Leben
Ägyptens war eine Verherrlichung des Tierischen, seine
Mythen von Isis, Osiris, Typhon und Hathor sind
eine Apotheose der Naturkräfte und der menschlichen
Leidenschaften. Ebenso sind die Götter der kanaanitischen
und der assyrisch=babylonischen Völker Personifikationen
der Wollust, der zeugenden und zerstörenden Kräfte und
ihr Kultus schamlose Unzucht der Männer und Frauen,
grausame Menschenopfer und Kinderverbrennung. Gegen
diese Erniedrigung der Menschennatur erhebt sich das
Judentum mit seinem reinen Kultus, mit der Aus=
prägung seiner erhabenen Gottesidee im G e s e z wie ein
lebendiger Protest und ruft den Satz in die Welt
hinein: Heilig sollst du sein, wie heilig ist der Ewige,
dein Gott! Der Mensch ist im Ebenbilde Gottes ge=
schaffen, und soll nach höchster moralischer Vollkommenheit

streben, um sich immer mehr seinem Ideal, seinem gött=
lichen Vorbilde zu nähern. Er soll seinen Geist immer
mehr von den endlichen und materiellen Dingen un=
abhängig machen, seine Sinne beherrschen und sie zum
Guten und Schönen erziehen. Nicht soll er sie abtöten
und vernichten, wohl aber mit Hilfe des Gesetzes in
die rechten Bahnen lenken und zur Erreichung mensch=
licher Vollkommenheit benutzen.

Höchstes Ziel des Gesetzes aber ist, eine auf
Gleichheit, Gerechtigkeit und Menschenliebe gegründete
Gesellschaft zu erziehen, das Reich Gottes auf
Erden zu verwirklichen und die ganze Menschheit einer
glücklichen Zukunft und ihrer hohen Bestimmung ent=
gegen zu führen. Auch nach dieser Richtung hin befand
sich das Judentum in dem denkbar schärfsten Gegensatz
zu den Anschauungen aller Völker des Altertums.
Überall bestand die Gesellschaft aus einander über=
geordneten Klassen, nach denen sich das Recht auf den
Genuß der Lebensgüter und der persönlichen Freiheit
abstufte; das Judentum aber kannte keine wesentlichen
Klassenunterschiede. Wie es die Einheit Gottes
verkündete, so verkündete es auch die Einheit des
Menschengeschlechts. Jeder Mensch war ihm
im Ebenbilde Gottes geschaffen. Es kannte weder
eine eigentliche Hierarchie noch einen eigentlichen Mili=
tarismus. Das Priestertum, welches übrigens auf eine
einzige Familie beschränkt war, war an den Tempel

gebunden und übte auf das bürgerliche und politische Leben keinen wesentlichen Einfluß aus. Die Leviten waren nur entweder Diener des Tempels oder bescheidene Lehrer des Volkes. Der Militarismus aber konnte schon deshalb im Judentum nicht aufkommen, weil dieses den Krieg verabscheute und stets als ein schweres Unglück betrachtete. Nach den ersten Kriegen, die es hatte führen müssen, um sich ein Vaterland zu erwerben, kämpfte es nur noch, wenn es herausgefordert und bedroht wurde und, wenn es galt, seinen Glauben zu verteidigen. Das Gebot „Du sollst nicht töten" wurde von ihm buchstäblich beobachtet. Es pflegte denjenigen einen Helden zu nennen, der das Gesetz beobachtete und sich fromm und mildthätig erwies. Das höchste Ideal seiner Propheten und sein tägliches Gebet war und ist noch heute, daß der Tag anbreche, an dem der Krieg von der Erde verschwinde, die Schwerter in Pflüge umgewandelt werden, die Gerechtigkeit über allen Völkern erglänze und die ganze Menschheit in Liebe und Brüderlichkeit vereint den Einen Gott anbete und verehre.

Diese Ideen sind mit der geschichtlichen Existenz Israels so innig verbunden, durchdringen und bestimmen dieselbe in so erkennbarer Weise, daß seine Existenz gleichsam nur als die äußere Kundgebung derselben erscheint, als das Mittel, durch welches diese in der wirklichen Welt zur Entfaltung gelangen. Diese Existenz, die sich über einen Zeitraum von nahezu

fünftausend Jahre erstreckt, kann, in Ansehung ihrer
völfergeschichtlichen Beziehungen in d r e i g r o ß e
H a u p t p e r i o d e n eingeteilt werden. In der
ersten Hauptperiode erscheint Israel als ein Volk,
welches, nachdem es durch lange Kämpfe sich ein Vater=
land erworben, mit der Ausgestaltung seiner nationalen
Existenz beschäftigt ist. Es fühlt, daß der Gedanke,
zu dessen Träger es bestimmt ist, sich im scharfen
Gegensatz befindet zu der es umgebenden Welt; es
fühlt, daß dieser Gedanke einen langen und harten
Kampf zu bestehen haben wird gegen die Gewohn=
heiten, Vorurteile und Leidenschaften der anderen
Völker und nimmt den Kampf auf. Gering an Zahl
und an Kräften, aber mächtig durch seinen Willen,
durch den Geist, der in ihm lebt und durch ein
Gesetz, welches seine religiösen Ideen und seine Hoff=
nungen und Bestrebungen für die Zukunft des Menschen=
geschlechtes umfaßt, zieht es sich hinter dasselbe, wie
hinter einen festen Wall zurück und sammelt so die
Kraft, die es befähigt, den Ansturm der mächtigen Reiche
Asiens auszuhalten und später nicht ohne Ruhm den
Riesenkampf gegen die griechische und römische Welt zu
bestehen.

In seiner zweiten Existenzperiode lebt Israel zer=
streut inmitten der Völker. Erdrückt von der materiellen
Übermacht seiner Gegner unterliegt es als Nation, lebt
aber fort als Volksindividuum und beginnt als Idee

5

bereits zu triumphieren. Von seinem Stamme gehen
zwei große Verzweigungen, der religiösen und moralischen
Idee aus: das Christentum und der Islam,
während es selbst, fühlend, daß seine Mission noch lange
nicht zu Ende sei, seinen eignen Traditionen getreu,
sich in sich selbst zurückzieht und trotz aller Verfolgungen
und Leiden der Zukunft hoffend entgegenharrt. — Nach
der französischen Revolution beginnt endlich die dritte
Hauptperiode, in welcher der Jude allmählich aus seiner
drückenden und rechtlosen Lage befreit, sich überall den
Völkern, unter denen er lebt, eng anschließt. In allen
Ländern, wo ihm die Teilnahme an dem bürgerlichen
und politischen Leben freigestellt und der Zutritt zu den
öffentlichen Ämtern gewährt wird, erweist er sich als
ein nützliches und thätiges Mitglied der Gesellschaft,
als ein Element des Fortschritts auf allen Gebieten
des geistigen und kommerziellen Lebens, als ein Förderer
der Wohlfahrt seines Vaterlandes und der Nation, der
er angehört. Der Jude lebt nicht mehr unter den
Völkern, sondern mit ihnen, er wird Deutscher in
Deutschland, Franzose in Frankreich, Italiener in
Italien und steht an Vaterlandsliebe und Opferfreudig=
keit für dasselbe hinter keinem seiner Mitbürger zurück.
Allein der Kampf gegen das Judentum, der mit der
Emanzipation desselben beendigt zu sein schien, ist in
neuerer Zeit in verschiedenen Ländern Europas von neuem
entbrannt, und der Tag, an dem er gänzlich aufgehört

haben wird, scheint leider noch in sehr weite Ferne
gerückt zu sein. Dieser Kampf verdankt auch diesmal,
gleichwie in den vergangenen Jahrhunderten, seine Ent=
stehung hauptsächlich dem Fanatismus der Klerikalen
und des Adels, die in den immer mehr sich bahn=
brechenden Gleichheits= und Freiheitsideen des Juden=
tums eine ihnen feindliche Macht und ein Hindernis
für ihre reaktionären Bestrebungen erblicken. Es giebt
aber auch noch eine andere antisemitische Strömung,
die aus einer ganz entgegengesetzten Quelle entspringt.
Das ist der Antisemitismus der Anarchisten und Atheisten.
Diese hassen und bekämpfen in dem Juden den Ver=
treter aller staatserhaltenden Prinzipien, des religiösen
Gedankens, sowie des Handels und der Industrie, auf
denen die Wohlfahrt jedes Staates beruht. Unter dem
Vorwande, daß der Jude alles Kapital an sich gerissen
habe, — obgleich die Thatsachen dem widersprechen, da
in den meisten Ländern die große Masse der Juden
in Armut und Dürftigkeit lebt — sucht man einerseits
das Volk gegen die besitzenden Klassen überhaupt auf=
zureizen und seine niedrigsten Leidenschaften zu wecken,
um es zu Raub und Plünderung zu treiben, und
andererseits möchte man im Judentum die religiöse
Idee an ihrer Wurzel zerstören. Der Anarchismus
möchte die Gottesidee als das Prinzip jeder Autorität
aus der Welt schaffen. Da er aber nicht wagt, der
h e r r s c h e n d e n Religion offen die Stirn zu bieten,

5*

wendet er seine Waffen gegen das viel schwächere
Judentum und legt die Axt an den Baum, um mit
ihm auch seine Zweige zu vernichten. Mit Recht sagt
Bonghi*) mit Bezug auf diese Abart des Antisemitismus:
„An der semitischen Gottesidee trägt der Jude nicht nur
ebenso viel Schuld wie das Christentum, sondern mehr
als dieses; denn er war es, der sie der Welt gegeben
hat. Der Kampf gegen das Judentum ist daher nicht
nur ein Vorspiel, sondern die Begleitung zu dem Kampfe
gegen das Christentum, und darum um so hartnäckiger
und ausdauernder." Allein weder die greisenhaften An-
strengungen der Reaktion, noch die unsinnigen Wut-
ausbrüche der Anarchie werden den Gang der Ideen
aufzuhalten vermögen. Die gewaltsamen Störungen
der öffentlichen Ordnung rufen ein um so lebhafteres
Bedürfnis nach Ordnung hervor und bewirken den Zusammenschluß aller derselben freundlichen Kräfte, um sie
zu schützen und zu befestigen. Die gemeinen Gehässig-
keiten, die moralische Verwilderung und die gewalt-
thätigen Handlungen gegen Unschuldige wecken in der
öffentlichen Meinung Widerwillen gegen die Urheber
derselben und Teilnahme für deren Opfer. So arbeitet
der Irrtum an seiner eigenen Vernichtung, ja er ent-
hüllt bisweilen ganz neue, bis dahin unbeachtet ge-
bliebene Seiten der Wahrheit. Das Judentum hat in

---

*) Nuova Antologia 15. April 1883.

den vergangenen Jahrhunderten noch gegen ganz andere
Mächte und gegen viel furchtbarere Feinde als diese
sind, zu kämpfen gehabt und ist nicht unterlegen. Und
doch war es damals schwach und stand vereinzelt da
mit seinen Ideen; jetzt aber sind diese Ideen in das
bürgerliche und religiöse Leben der Völker eingedrungen,
jetzt entflammen sie alle edlen Herzen, und die erleuch=
teten und freien Geister jeder Religion und alle ge=
bildeten Staaten und Völker haben ein Interesse daran,
ihren Sieg zu fördern, um den Bau der Gesellschaft auf
sicherer Grundlage zu befestigen. Das Judentum existiert,
wie gesagt, als Nation nicht mehr. Seine materielle
Geschichte ist abgeschlossen, aber seine moralische
und intellektuelle Geschichte dauert fort, seine
sittliche und gesellschaftliche Mission ist nicht zu Ende; die
Ideen, deren Hüter es ist, sind nicht erschöpft, und in
ihnen werden die Völker noch unerforschte, Civilisation
und fortschreitende Humanität fördernde Kräfte auf=
finden können. Diese Ideen bilden die universelle
Grundlage des Judentums und sind dazu bestimmt, in
ihrer Reinheit und Ursprünglichkeit Gemeingut der
ganzen Menschheit zu werden. Bis dahin wird das
Judentum ausharren, wie es bis jetzt ausgeharrt hat
in Kampf und Not, unüberwindlich durch die ihm inne=
wohnende siegende Macht der Wahrheit.

Zwölftes Kapitel.

Religion, Kunst und Wissenschaft müssen in ihren höchsten und voll=
kommensten Formen zusammenwirken, um Italien und die Menschheit
einer glücklichen Zukunft entgegen zu führen. — Michelangelo Vertreter
des höchsten Kunstideals. — La Mente di Michelangelo. — Giordano
Bruno Vertreter des unerschrocken vorwärtsschreitenden wissenschaftlichen
Geistes. — Die drei Hauptwerke David Levis bilden eine eigentümliche
Trilogie. — Schlußwort.

In dem Zusammenwirken von Religion, Kunst und
Wissenschaft hatte David Levi, wie wir oben gesehen,
eine notwendige Bedingung für die gedeihliche Entwick=
lung der Zukunft Italiens erkannt. Aber diese drei
geistigen Mächte können nach ihm nur in ihrer reinsten
und idealsten Form zu einer Quelle des Heils und
segensreicher Wirkungen werden. Während er nun,
wie wir oben auseinandergesetzt haben, das religiöse
Zukunftsideal in der Rückkehr zu den reinen Anschauungen
des Judentums erblickt, sucht er die Ideale der Kunst
und des wissenschaftlichen Geistes in dem
glänzendsten Zeitalter der italienischen Kulturgeschichte,
in dem der Renaissance, als deren edelste Vertreter ihm
Michelangelo Buonarroti und Giordano Bruno erscheinen.
Seine Ideen über den großen florentinischen Meister legte
er in seinem Buche „La Mente di Michelangelo" nieder.
Dieses Buch hat von allen Schriften David Levis den
meisten Erfolg erzielt. Es wurde kurz nach seinem Er=
scheinen ins Französische übersetzt, und von dem fran=

zöfiſchen Unterrichtsminiſterium „wegen der vielen neuen und originellen Ideen, die es enthalte,“ als Lektüre für die Kunſtakademieen empfohlen. Mit wunderbarem Scharfſinn und tiefeindringendem Verſtändnis werden darin die in Stein gehauenen und mit dem Zauber= pinſel auf die Leinwand gebannten Rätſel der „floren= tiniſchen Sphinx“ zu erklären geſucht. Die Hauptwerke Michelangelos ſollen nämlich nach der Auffaſſung David Levis ſämtlich eine tief allegoriſche und philoſophiſche Bedeutung haben. Am Hofe Lorenzos des Prächtigen erzogen, wo er mit den berühmteſten Männern ſeiner Zeit, die in Florenz zuſammenſtrömten, innigen Ver= kehr pflegte, ſtellte es ſich Michelangelo zur Aufgabe, die abſtrakten Ideen der Renaiſſance in ſchöne Formen zu kleiden und in lebensvollen Geſtalten der Nachwelt zu überliefern. Wie Dante in der Poeſie, ſo ſuchte er in der Malerei und Bildhauerei die leitenden Ideen ſeiner Zeit allegoriſch zur Darſtellung zu bringen. So ſoll ſchon in dem erſten Werke Michelangelos, welches den Kampf des Herkules mit dem Centauren darſtellt, allegoriſch der Kampf des Menſchengeiſtes mit der tieri= ſchen Kraft, der Wahrheit mit der Lüge und dem Aber= glauben angedeutet ſein. Beſonders ausführlich werden die berühmten Deckengemälde der ſixtiniſchen Kapelle behandet, in denen David Levi ein zuſammenhängendes philoſophiſches Poem erblickt, eine Deutung, die er in höchſt origineller und einleuchtender Weiſe begründet,

auf die wir jedoch hier näher einzugehen uns versagen
müssen. Das letzte größere Werk David Levis ist
Giordano Bruno gewidmet. Es enthält eine ausführ-
liche Darstellung seiner Lebensschicksale und seiner Lehren.
Die Fülle der aus archivalischen Quellen geschöpften
Einzelheiten, das tiefe und liebevolle Eindringen in
den Gedankengang des Philosophen und namentlich die
Wärme der Schilderung und der überall durchschimmernde
Enthusiasmus für die Charaktergröße des Märtyrers
machen das Buch zu einer höchst anziehenden und be-
lehrenden Lektüre. Was Michelangelo auf dem Gebiete
des künstlerischen Schaffens, das ist für David Levi
Giordano Bruno auf dem des philosophischen Denkens.
In diesen beiden über ihre ganze Umgebung hoch hinaus
ragenden Gestalten prägt sich der vorwärtsstrebende
Geist der Renaissance in seinem Gegensatze zu dem
lichtscheuen Geiste des Mittelalters am schärfsten aus.
Beide verlassen sie die ausgetretenen Gleise, um der
Kultur der Menschheit neue Bahnen zu eröffnen; beide
verachten sie den Kultus der bloßen Form, ihr kühner Geist
bringt in die Tiefe und sucht das Wesen der Dinge zu
erfassen und darzustellen. Wir haben bereits oben gesehen,
welch eine Anziehungskraft Giordano Bruno auf den Geist
David Levis von seiner frühesten Jugend an ausgeübt hat.
Nicht zum wenigsten mögen dazu beigetragen haben die viel-
fachen Berührungspunkte, die zwischen den Lehren dieses
Philosophen und denen des Judentums sich nachweisen lassen.

So bilden die drei Hauptwerke David Levis: „Il Profeta,“ „La Mente di Michelangelo“ und „Giordano Bruno“, gleichsam eine Trilogie eigner Art, in der den drei Hauptfaktoren der menschlichen Kultur, Religion, Kunst und Wissenschaft die Richtung vorgezeichnet wird, in der sie sich bewegen müssen, um ihre hohen Aufgaben zu erfüllen.

Trotz seines hohen Alters und der mannichfachen, aufreibenden Kämpfe, die David Levi in seinem viel= bewegten Leben zu bestehen hatte, ist seine Schaffens= kraft nicht erlahmt, und sein Liederquell nicht versiegt. Sein Geist ist frisch und sein Gemüt jung geblieben, wie das jedes echten gottbegnadeten Dichters. Er nimmt noch heute lebendigen Anteil an den Geschicken seines Vaterlandes und seiner Glaubensgenossen, für deren beider Wohl und Ehre er sein ganzes Leben hindurch gekämpft und oft bitter gelitten hat. Und doch ist ihm weder von der einen noch von der andern Seite viel Dank zu teil geworden. Der einst gefeierte Dichter und Patriot ist von der neuen Generation, die für sein ideales Streben wenig Verständnis hat, beinahe ver= gessen und zur Seite geschoben. Und es ist ein tief= beschämendes und betrübendes Zeugnis von der Indiffe= renz gewisser Kreise mehrerer Glaubensgenossen in Italien für alles was jüdisch ist, daß die Schriften eines Mannes, auf den sie alle Ursache hätten stolz zu sein, daß die Werke David Levis, in denen der Glaube und die Geschichte Israels in so erhabener Weise verherrlicht werden, der jüdischen Jugend so unbekannt sind, als ob sie niemals existiert hätten. Zu diesen litterarischen Enttäuschungen haben sich in den letzten Jahren harte Schicksalsschläge gesellt, denen ein weniger starkes Herz als das David Levis wohl erlegen wäre. In der fortwährenden Sorge um das Wohl anderer, die ihn an sein eignes zu denken keine Zeit ließ, war sein einst bedeutendes Vermögen schon bis auf einen kleinen Teil zusammengeschmolzen, als er erst vor kurzem, infolge allzu großen Vertrauens auf fremde Ehrlichkeit, auch diesen letzten Rest verlor. So steht heute der greise, ehrwürdige Dichter nach einem im Dienste der höchsten Ideale verausgabten Leben am Rande des Grabes als ein armer Mann da, der mit der Notdurft des Lebens zu kämpfen hat. Diese traurige und für uns beschämende Lage eines der besten Söhne Israels in eine bessere und würdigere zu verwandeln, muß von unserer gesamten Glaubensgenossenschaft als eine Ehrenpflicht empfunden werden. Möge die gegenwärtige Schrift, bei deren Beginn der Verfasser von den hier geschilderten Verhältnissen noch keine Ahnung hatte, dazu beitragen, die Erfüllung dieser Ehrenpflicht so schnell wie möglich herbeizuführen, und die letzten Lebensjahre des um den jüdischen Namen so hochverdienten Mannes schöner und tröstlicher zu gestalten.

Zweiter Teil.

Proben lyrischer Gedichte.

———

Blüht ein Blümlein....

Il Profeta, 1. Akt, 4. Scene, S. 12 f.

Blüht ein Blümlein wie im Traum
    Einsam auf des Berges Rand,
Liebt den weiten Himmelsraum,
Liebt die steile Felsenwand.

Klagt den Winden oft sein Weh,
Haucht den Sternen Liebesgruß,
Und die Sterne von der Höh'
Lohnen ihm mit Strahlenkuß.

Golden glüht's im Sonnenlicht,
Duftet still zum Himmel auf,
Aber aus dem Kelche bricht
Eine Thräne leis herauf.

Wo sie fällt, erwacht Gedeihn
In der Erde tiefem Schoß,

Und der Blumen bunte Reihn
Ringen sich zur Sonne los.

Was ist's, daß ich dich weinen seh',
Blümlein schön und wunderhold,
Daß wie von tiefem, herbem Weh'
Thrän' auf Thrän' herniederrollt?

Ach, an meiner Lebenskraft
Zehrt ein stilles, schweres Leid,
Aber neues Leben schafft
Mir die Lieb' in Ewigkeit.

———

Fröhliche Lieder....
Il Profeta, 1. Akt, 5. Scene, S. 22.

Fröhliche Lieder — Hochzeitsklänge
Jubelnd erschallen — Zions Gesänge
Was klirren die Waffen — zum Kampfe erhoben,
O Fürsten der Erde — warum dieses Toben?
Was zerren im Staub sie dein königlich Haupt?
Und legen ins Grab dich, der Krone beraubt?
Wer um das Ewige wagte zu werben
Nimmer kann sterben, nimmer kann sterben.

———

Fröhliche Lieder — o, liebliche Braut,
Laß tönen, o Schönste — laß tönen sie laut!

Mit Blumen, mit blühenden Rosen dich schmücke,
Siehe, dein Liebster, er kehret zurücke!
Dort auf dem Gipfel, da siehst du ihn grüßen,
Siehe da stürzet beglückt ihm zu Füßen
Schön wie die Sonne — sein Zion, so traut,
Es bebet und harret die sehnende Braut.

Heilig, Heilig, Heilig!
Il Profeta, 1. Akt, 5. Scene, S. 21 f.

Schon hüllet die sinkende Nacht
In dunklen Schleier die Welten,
Ein neues Gestirn ist erwacht,
Es glänzt über Israels Zelten.
Es schweiget die Schöpfung so bang,
Du hörst einen Laut nur so selten,
Da tönet ein mächtiger Sang,
Er tönet aus Israels Zelten.

Dort, wo der Schöpfung gewaltiges Meer
Uferlos endet, erhebt sich allein
Strahlend im Glanze der Ewigkeit Er,
Webet unfaßbar das ewige Sein.
Chöre von Engeln sprechen das Wort,
Durch die Unendlichkeit tönet es fort,
Hallet von Sternen und Welten daher:
Heilig, Heilig, Heilig ist Er!

Und von der Erde, wer läßt wiederhallen
Den Weltall erschütternden himmlischen Sang,
Lässet in gleichen Akkorden erschallen
Wogender Lieder melodischen Klang?
Du bist es, Juda, in dir ist erstanden
Ein himmlischer Cherub den irdischen Landen,
Von Bergen und Thälern tönt es daher:
Heilig, Heilig, Heilig ist Er!

Die Bibel.
Vita di Pensiero, S. 239.

Gleich wie vor hehrem, gewaltigem Bau
Mit himmelwärts strebenden Türmen,
Der mächtig hineinragt ins ewige Blau
Und trotzet den Winden und Stürmen
Und tausend Geschlechter schon unter sich weit
Sah rauschen vorüber im Strome der Zeit:
So beug' ich vor dir mich, du ewiges Buch,
Du bringst uns den Segen, du bannest den Fluch.

Denn wie des Himmels erhabene Pracht
Des Allherrn Größe verkündet,
So lehrst du uns kennen die ewige Macht,
Vom Sterblichen nimmer ergründet.
Dein Wort, es erfüllt uns mit heiligem Grau'n,
Es bebet die Seele in ahnendem Schau'n,

Und freudiger schlägt mir das Herz in der Brust,
So dein ich gedenke voll seliger Lust.

So komm denn, du freundliches Buch, das allein
Uns bleibet als teures Vermächtnis;
Prophet und Altar du und Vaterland mein,
Du wahrest der Väter Gebächtnis.
Wenn zuckend vom Wehe sich windet das Herz
Und tief in der Seele uns wühlet der Schmerz,
So kommst du und öffnest, du Bote des Herrn,
Die rosigen Pforten der Hoffnung uns gern.

Unendliche, herrlich erhab'ne Natur,
Von Licht und von Leben erfüllet,
Du wirkest und webest in Ewigkeit nur
Am Kleid, das so stolz dich umhüllet.
Doch wagt dir der Sterbliche fragend zu nahn
Zu forschen nach Wesen und Ursprung und Plan,
Ach, da entweicht ihm dein wirkender Geist
Und hüllt sich in Nebel, der nimmer zerreißt.

Jahrhunderte wechseln, wie Wogen im Meer,
Geschlechter, sie kommen und schwinden,
Wer zählet die Völker, die Menschen all', wer,
Die Gräber, wer kann sie ergründen?
Verwirret von ewigem Wechsel und bang
Steht fragend der Mensch mit unendlichem Drang,

Doch stumm bleibt der Abgrund, er antwortet nicht,
Das Dunkel des Rätsels zerstreuet kein Licht.

Und unbewußt siehst du jetzt Mensch mit Natur,
Verschlungen den Kreislauf vollenden,
Und bald wie ein wehrloses Opfer ihn nur
An wilde Gewalten sich wenden.
Von lieblichen Bildern verführt und berauscht,
Hat jetzt er Natur wohl im Schaffen belauscht,
Doch noch nicht empfindend den h ö h e r n Drang,
Die fühllose S c h ö n h e i t allein ihm gelang.

Und du, die schon längst dich so herrlich und groß
Erhoben auf Zions Gefilden,
Entrafft der Natur und der Fesseln los,
Die Geister zur Freiheit zu bilden,
In Schweigen gehüllet noch standest du dort,
Erwartend des Herrn gebietendes Wort,
Zu tragen hinein in das Dunkel der Nacht
Die Fackel der Wahrheit mit siegender Macht.

In düsteres Brüten versunken und krank
Die Menschheit inzwischen verschmachtet,
Von Leiden gequälet, sie seufzet so bang,
Verzweiflung die Seelen umnachtet.
Ein mächtiger Adler vampyrgleich sie drückt,
Mit furchtbaren Krallen das Herz ihr zerstückt

Und sauget und sauget mit gieriger Wut
Aus offenen Adern das strömende Blut.

Da donnertest, heilige Stadt, du mit Macht,
Du forderst den Riesen zum Kampfe,
Du fällst — aber strahlend in ewiger Pracht
Entsteigst du dem wirbelnden Dampfe.
Den rauchenden Trümmern ein Steinchen entrollt,
Das stürzet zu Boden den grimmen Unhold,
Die Taube, die zarte, sie tritt in den Staub
Den mächtigen Adler, begierig nach Raub.

Da donnertest, heilige Stadt, du voll Pracht —
O saget mir, Völker und Reiche,
Welches Gewalthabers furchtbare Macht
Der Macht jener Worte denn gleiche.
Von Ufer zu Ufer mit Blitzesgewalt,
Sie flogen dahin ohn' Aufenthalt,
Und siehe, der mächtig ertönende Ruf
Zwei neue Gebilde, zwei Welten erschuf.

Doch während nun weit in die Lande hinein
Der Glanz deines Lichts sich verbreitet,
Beginnst du ein neues und kräftiges Sein,
Das Herz dir im Busen sich weitet.
Geschlecht an Geschlecht überliefert dein Wort,
Und Alles ist Staub nur vor dir, unser Hort.

6

Die Sonne, die Sterne mit Huldigungsgruß,
Sie beugen vor dir sich, sind Schemel dem Fuß.

In dir keine Folge der Zeiten besteht
Und Himmel und Erd' sich vereinen.
Jahrhunderte sind wie ein Tag, der vergeht,
Ein Tropfen im Meere sie scheinen.
Von deinem Flügel getragen empor
Erhebt sich der Geist zu der Seligen Chor,
Und mitten im Schmerze durchzittert die Brust
Ein wonniger Schauer von himmlischer Lust.

Der reinen und hehren Freude Gefühl,
Die zartesten Töne der Liebe,
Der wilden Verzweiflung, des Jammers Gewühl,
Der Hoffnung erhaltende Triebe,
Der Leiden erziehende, läuternde Kraft,
Der Zweifel — der Glaube, der Wunder erschafft,
O, alle Akkorde der Schöpfung zugleich,
In dir sie erklingen so voll und so reich.

Du hebest die Stimme zu furchtbarem Droh'n,
Und Tyrus und Babel verschwinden.
Es stürzen Altäre, es wanket der Thron,
Die Feinde sind nimmer zu finden.
Du singst — und es öffnen die Himmel ihr Thor,
Es kreisen die Welten im jubelnden Chor,

Und Ruhe und Freude durchziehen das Herz,
Es jauchzet die Seele, erlöset vom Schmerz.

Wie oft, wenn ein Kummer die Seele bedrückt,
Das Auge sich füllte mit Thränen,
Hast du uns getröstet und wieder beglückt
Mit sanften und heiligen Tönen.
Wie manches Gemüt, von der Sünde zerstört,
Von Trübsal und Leiden und Reue verzehrt,
Hast auf du gerichtet mit liebender Hand,
Zurück du geführt von des Abgrundes Rand.

O komm', du unsterbliches Buch, das allein
Uns blieb als ein teures Vermächtnis,
Prophet und Altar du und Vaterland mein,
Du wahrest der Väter Gedächtnis.
Wenn zuckend vor Wehe sich windet das Herz,
Wenn tief in der Seele uns wühlet der Schmerz,
So kommst du und öffnest, du Bote des Herrn,
Die rosigen Pforten der Hoffnung uns gern.

In enge und düstere Gassen gebannt,
Von Haß und Verachtung umgeben,
Wo ihr, meine Väter, der Menschheit zur Schand'
Jahrhunderte mußtet verleben,
Wie oft da vernahmt ihr das wilde Geschrei
Des Pöbels, der wütend sich wälzte herbei,

6*

Heulend und gierig nach jüdischem Blut,
So furchtbar und drohend wie reißende Flut.

Die Gattin, die Kinder, so furchtsam und bleich,
Sie zittern vor Angst und vor Grauen
Und drängen sich all an den Vater zugleich,
Dem Tode entgegenzuschauen.
Doch er, in die heiligen Blätter versenkt,
Umfaßt seine Lieben, die um ihn gedrängt,
Ein ruhiges Lächeln verklärt sein Gesicht,
Er blicket nach oben und fürchtet sich nicht.

Erhebe die Stirn, du erhabener Held
Und Opfer erhabnerer Wahrheit,
Die Stirn, die von Jahren und Kummer entstellt,
Doch strahlt von Gedankenklarheit.
Die Thora im Arm, von Allen verkannt,
Bist fort du gewandert von Lande zu Land,
Die Stürme umtobten dein ruhelos Haupt,
Sie haben dir Alles, ja Alles geraubt.

Doch eines nicht konnten sie rauben dir je,
Die Thora, sie ist dir geblieben,
Heb' hoch sie empor, daß Jeder sie seh',
Vom Finger des Herrn geschrieben.
Was thut es, wenn Fürsten und Völker vereint,
Dir Treue und Glauben und Liebe verneint,

Geblieben ist sie dir, und sie kann allein
Ersatz dir für alles Entschwundene sein.

Verstreuet in jeglichem Winkel der Erd'
Und überall fremd und alleine,
Sei sie deine Heimat, der geistige Herd,
Der all deine Kinder vereine.
Zu fernen Gestaden trag' kühn sie hinaus,
Und hoffe und warte trotz Stürmen und Graus,
Erglänzen wird einstens, der Tag ist nicht fern,
Zu neuen Triumphen ihr siegreicher Stern.

Die drei Pilger.

Vita di Pensiero S. 233.

Der Gipfel des Berges erglänzt,
Es streben drei Pilger hinauf,
Der Eine mit Rosen bekränzt
Nimmt fröhlich und heiter den Lauf.
Der Andre in härnem Gewand
Zerschlägt sich bekümmert die Brust.
Einherschritt nach oben gewandt
Der Dritte voll Ernst und voll Lust.

Im Schatten des Lorbeers am Bach,
Da ladet ein Plätzchen zur Ruh',
Da setzt sich der Erste gemach
Und singet ein Liedchen dazu:

„Mir lachet stets heiter und klar
Der Himmel, mich freut und beglückt
Die Erde von himmlischer Schar
Mit herrlichen Gaben geschmückt.
Zu Füßen der liebliche Quell,
Der murmelnd rauschet vorbei,
Und Lorbeer und Myrthe zur Stell'
Zum Kranze geflochten mir sei.
Es schäume im Becher so klar
Der goldene, köstliche Wein,
Und Venus sie reich' mir ihn dar,
Und Amor er schenke mir ein,
Es dreh'n sich die Grazien im Tanz,
Und langsam auf Schwingen von Gold
Mit süßem, berauschendem Glanz
Umschwebet ihr Träume mich hold."

––––––

Der andere Pilger jedoch
Bekümmert dort schreitet und müd'
Und schlägt sich die Brust immer noch
Und singet ein trauriges Lied.
„Ach, seufzet und betet zumal,
Denn Grauen und Nacht ist die Welt,
Ein düsteres, trauriges Thal
Von Tod und Verderben umstellt,
Ein finsterer Kerker die Erd',
Ein Kampf, der des Ringens nicht wert.

Die Schönheit mit Gift ist getränkt,
Die Freuden hat Satan gemacht,
Und schlau uns zu fangen er denkt,
Zu stürzen in ewige Nacht.
Verwischt ist die himmlische Spur,
Verflucht ist die ganze Natur.
Drum quäle und härme dich ab,
Und zücht'ge den sündigen Leib,
Denk' an das dunkle Grab,
Und jegliche Lust dir vertreib'!
Es lauert die Sünd' vor dem Thor,
Drum rette dich, fliehe davor."

———

Der Dritte mit fröhlichem Mut
Blickt kühn in die Ferne hinaus,
Getrieben von innerer Glut
Spricht folgende Worte er aus:
Aus Thränen und Freuden gewirkt
Hat Gott dieses Leben gar fein,
Und gleich wie der Geist, den er birgt,
Muß heilig der Körper dir sein.
Nicht sollst du ihn thöricht kastein,
Noch jemals durch Wollust entweihn.
Und schön ist und heilig Natur;
Wohl wächst unter Blumen der Dorn,
Doch dienen soll allzeit er nur
Der ringenden Seele zum Sporn.

Ein Kampf ist das Leben — der Schmerz
Er stählet und läutert das Herz.
Und während ich wandre dahin
Zu hehrem Ziel mich beweg',
Dem Himmel stets dankbar ich bin
Für jegliches Blümchen am Weg,
Und fröhlich ertrag' ich das Leid,
Denn schön ist das Ziel, wenn auch weit.

Er sprach's und wanderte fort
Über Felsen und Klüfte hinauf,
Und ich, der ich lauschte dem Wort
Ich folgte des Wanderers Lauf.

Dritter Teil.

Il Profeta.

Die folgende Darstellung bezieht sich nur auf das eigentliche Drama „Il Profeta" wie es von der ersten Ausgabe (1866) her bekannt war, nicht aber auf den phantastisch-allegorischen Dialog, der in der Ausgabe von 1884 als zweiter Teil des Profeta erschien. Dieser Dialog zwischen Emanuel (Prophetismus) und Ahasver (die Menschheit), dessen Schauplatz und hauptsächlicher Gegenstand das moderne Rom ist, steht mit dem Drama eben so wenig und noch weniger in organischem Zusammenhang als der zweite Teil des Faust mit dem ersten. Es ist ein Poem für sich voll großer Gedanken und geschichtsphilosophischer Betrachtungen, in denen wie fast in allen Werken David Levis überall als Grundnote die Liebe zum Judentum und die zu Italien hindurchklingen.

Einleitung.

Im vierzehnten Gesange des Inferno läßt sich Dante von Virgil erzählen, daß auf der Insel Kreta ein hoher Greis aufrecht stehe, der „mit dem Rücken Damiette zugewandt, den Blick auf Rom gerichtet hält." Dieser Greis soll nach einigen Erklärern den Genius der Zeit vorstellen, der hinter sich den Orient oder die Vergangenheit und vor sich den Occident oder die Zu-

kunft hat. Mit demselben Bilde bezeichnet David Levi
selbst treffend den Charakter und die Tendenz seines
Dramas „Il Profeta." Der Gegenstand desselben ist
der Vergangenheit Israels entnommen, und Schauplatz
der Handlung ist das alte Palästina, aber die Idee,
deren Darstellung sich der Dichter zum Ziele gesetzt,
bezieht sich auf die Zukunft zunächst Italiens und dann
der ganzen Menschheit. Der erste Entwurf zu dem
Drama entstand, wie bereits oben bemerkt wurde, in
Venedig, im Jahre 1846, also kurz nach dem Miß=
lingen der revolutionären Unternehmung der Brüder
Bandiera. Angewidert von der religiösen und politischen
Reaktion, die damals in voller Blüte stand und im
Innersten entrüstet über die schmähliche Behandlung,
welche seine Glaubensgenossen noch immer, besonders
in Piemont, erfuhren, wandte sich der Dichter mit um
so innigerer Liebe wieder dem Studium der Bibel und
der Geschichte seines Stammes zu. Hier fühlte sich
seine Seele von reineren und freieren Lüften angeweht,
hier erquickte sie sich an den ewigen Idealen einer ge=
läuterten Gottesverehrung, einer alle Menschen um=
fassenden Bruderliebe, wie sie von den Propheten als
das Zukunftsziel der Menschheit gelehrt und ver=
kündet wurde. Diese Ideale, in ihrem unaufhörlichen
Kampfe gegen die träge Gleichgültigkeit und gegen die
widerstrebenden Leidenschaften der Menschen, sowie in
ihrer, trotz aller scheinbaren Niederlagen, siegreich fort=

schreitenden Macht in lebendige Gestalten verkörpert
barzustellen, das erschien ihm als ein Unternehmen,
welches einerseits geeignet wäre, dem Judentum die ihm
gebührende Anerkennung zu verschaffen und andrerseits
den Bessergesinnten in seinem eigenen Vaterlande als
Aufmunterung zu dienen, ungeachtet alles Mißgeschickes
in dem Kampfe für Freiheit und Recht unentwegt aus-
zuharren. „Ich wollte" — so schreibt er selbst in der
ausführlichen Einleitung zu seinem Buche — „meiner
Zeit einen Spiegel vorhalten, in dem sie ihre eigenen
Fehler und Gebrechen erkennen und verabscheuen lerne
und zugleich ein hohes Ideal, zu dem sie emporstrebend
sich erheben soll. Denn es ist nicht erlaubt, eine
drohende Gefahr zu bemerken, ohne den Nachbarn zu
warnen; es ist nicht erlaubt, das Böse zu schauen, ohne
es als solches vor aller Welt zu kennzeichnen und zu
brandmarken. Allein wo einen würdigen Gegenstand
finden, der geeignet wäre, die Krankheit und auch das
Heilmittel in sich darzustellen, der als Träger der
tausendjährigen Schmerzen und Leiden der Menschheit
und zugleich auch ihrer höchsten Ideale, ihrer edelsten
Bestrebungen gelten könnte?" Und indem der Dichter
diese Frage an sich selbst richtet, erwachen in seinem
Innern längst vergessene Eindrücke, und vor seinem
geistigen Auge ersteht eine Welt von Gestalten und
Gedanken, die er als die seine erkennt, in der er einst
sich heimisch gefühlt und der ihn das Leben für kurze

Zeit entfremdet hatte, und eine lange endlose Reihe von Glaubenshelden und Denkern, von Kriegern und Propheten, von Vertretern der Arbeit und des Handels, alle mit dem Stempel des Märtyrertums auf der Stirn, ziehen an seiner Seele vorüber. Und welches sind die Ursachen, so fragt sich der Dichter, so andauernder und so grausamer Leiden; was ist es, das die einen zu so hartnäckiger Unterdrückung und die andern zu ebenso hartnäckigem Widerstande antreibt? Und indem er, eine Antwort suchend, im Geiste die Jahrhunderte zurückschreitet, bietet sich seinen Blicken ein tiefbetrübendes, Entsetzen erregendes Schauspiel dar. Er sieht sein Volk getreten und gehetzt, verfolgt und gemartert, weil es den gräulichen Tierdienst verabscheut, weil es nicht vor Götzen von Stein und Holz sich niederwerfen will oder weil es nicht gleich den andern einem wahnwitzigen Tyrannen göttliche Verehrung zollen will. Dort sieht er es von den Hufen sarazenischer Pferde zertreten, weil es den Fatalismus der Gewalt nicht anerkennen will, weil es nicht glauben will, daß der Mann mit dem blutigen Schwerte ein Prophet der Wahrheit und der Gerechtigkeit sei, hier wiederum auf tausend Scheiterhaufen verbrannt und gequält, weil es seinen reinen Glauben an die Einheit und Unkörperlichkeit Gottes nicht aufgeben mag. Und von der Betrachtung der vergangenen Jahrhunderte wieder zu den uns näher liegenden Zeiten herabsteigend, sieht er auch

hier Haß und Verfolgung gegen sie wüten, gemeinen
Neid und selbstsüchtige Mißgunst ihnen das Leben ver=
bittern. Angeekelt von diesem widerwärtigen und in
jedem Jahrhundert immer wieder von neuem auf=
tauchenden Schauspiel menschlicher Bosheit und Ver=
worfenheit, fühlt der Dichter sich nahe daran, an der
göttlichen Gerechtigkeit zu verzweifeln, und in seinem
empörten Gemüte erhebt sich für einen Augenblick der
nagende Zweifel, ob nicht Weisheit und Tugend eitel
Schein und Täuschung seien, ob nicht heilig sei der
Unsinn und verehrenswert das Laster. Aber schon im
nächsten Augenblicke sieht er seinen Irrtum ein. In der
wunderbaren Erhaltung Israels, welches seine mäch=
tigsten Feinde überlebt, in seiner unzerstörbaren Lebens=
kraft und ewigen Jugend offenbart sich ihm das gerechte
Walten der Vorsehung, erkennt er die Nichtigkeit und
Zukunftslosigkeit der Lüge und der Gewalt und den
Triumph der Wahrheit und der Gerechtigkeit. Während
er so manches Volk, gewaltig an Kraft und Ruhm,
vorüberziehen, sich verlieren und spurlos verschwinden
sieht, taucht dieses Volk von Geächteten, diese Rasse der
Unterdrückten immer wieder vor seinem geistigen Auge
auf, gleich einer leuchtenden Fackel, die von Berg zu
Berg, von Thal zu Thal dahineilt, sich nur zu ver=
dunkeln scheint, um im nächsten Augenblick umso heller
wieder aufzuleuchten. Während jedes andere Volk nach
einem bestimmten mehr oder minder langen Zeitraume

aufhört zu denken und zu arbeiten, hat dieses Volk niemals auf den Gebrauch seiner Vernunft und seiner Thatkraft verzichtet; während bei andern Völkern häufig die Bande der Familie, der Solidarität, der Brüderlichkeit und der Ideengemeinschaft unter den Angehörigen desselben Volkes erschlaffen und sich lösen, sind diese Besitztümer dem israelitischen Volke niemals abhanden gekommen; während alle andern, uneingedenk der eignen Würde, zu den Füßen ihrer Unterdrücker und Tyrannen knieten, stand dieses Volk ungebeugt und aufrecht, seinem Gotte allein zugewandt und niemals einem Menschen; während es von allen verlacht, gestoßen und getreten wurde, hörte es doch nie auf, sich für besser zu halten als seine Unterdrücker; alles schien sich gegen es verschworen zu haben, Himmel und Erde, aber es hörte trotzdem nicht auf, sich größer zu wissen als sein Schicksal und stärker als alle Gewalten der Erde. Diese Betrachtung macht allem Schwanken des Dichters ein Ende. Der Held, der ihm als Träger des nach Verwirklichung ringenden Menschheitsideals dienen soll, ist gefunden; es ist sein eignes Volk, dessen ernste, von der Last der Jahrhunderte gebeugte, aber nicht gebrochene Gestalt ihm zuzurufen scheint: der Typus, den du suchst, das Märtyrervolk, welches hundertmal begraben, immer wieder aufersteht, um für Wahrheit und Recht zu kämpfen, das bin ich, das ist das Volk, dem du angehörst! Allein ein ganzes Volk eignet sich nicht wohl zum

Protagoniſten eines Dramas, ein Volk zumal, wie das
jüdiſche, deſſen Geſchichte mit den Uranfängen der Menſch=
heit ſich vermiſcht, bis herab zur neueſten Gegenwart reicht
und über alle Zeiten und alle Länder ſich erſtreckt. In
dieſem fortwährenden Wechſel der Scenen, der Ereig=
niſſe und der handelnden Perſonen, müßte, um der
Forderung der Kunſt gerecht zu werden, zunächſt der=
jenige geſchichtliche Moment gefunden werden, von dem,
wie von einem erhöhten Standpunkte aus, alle voran=
gegangenen ſowohl wie alle folgenden Ereigniſſe über=
ſchaut und begriffen werden können, ſodann eine
Perſönlichkeit, die geeignet wäre, in ſich den Geiſt der
Geſamtnation in ſeiner reinſten und vollkommenſten
Ausprägung darzuſtellen und zu verkörpern. Was nun
die Wahl des Zeitpunktes betrifft, ſo drängten ſich dem
Geiſte des Dichters zunächſt und vornehmlich zwei ge=
ſchichtliche Momente als die für ſeinen Zweck geeignetſten,
auf: der Fall des erſten Tempels oder der Kampf
Israels gegen die orientaliſchen Reiche und der Fall
des zweiten Tempels oder der Kampf des Judentums
gegen den römiſchen Cäſarismus. „Denn,“ fügt er hinzu,
„wenn der Lebensinhalt anderer Völker ſich zumeiſt am
beſten aus der Betrachtung ihres Urſprunges oder des
Höhepunktes ihrer nationalen Exiſtenz begreifen läßt,
ſo bildet das Judentum auch hierin, wie in ſo vielen
anderen Beziehungen, eine Ausnahme. Beſcheiden in
ſeinem Urſprunge und von geringer politiſcher Bedeu=

tung in seiner Glanzperiode, erreicht es seine eigentüm=
liche Größe gerade zur Zeit des Falles. Die Nieder=
lage ist sein Triumph. Die vorher lange Zeit in enge
Schranken gebannte und wie Feuer unter der Asche
ruhende Idee bricht in solchen entscheidenden Momenten,
gleich der Lava eines Vulkans, mit unwiderstehlicher
Gewalt hervor, verbreitet sich ringsum wie verzehrende
Flamme und erstrahlt weithin in hellerem und glänzen=
derem Lichte. Der Fall dieses Volkes bildet, im Gegensatz
zu den andern Völkern, stets nur den Abschluß einer
großen Epoche und zugleich den Anfang einer neuen.
Wer daher das innerste Wesen des Judentums dar=
zustellen unternimmt, der muß es gerade in einem dieser
großen geschichtlichen Wendepunkte zu erfassen suchen.“
Nun sollte man allerdings auf den ersten Blick meinen,
daß keine Epoche der jüdischen Geschichte sich so sehr
zu einer dramatischen Gestaltung eignete, als der Kampf
gegen Rom und die Zerstörung des zweiten Tempels.
Nicht nur ist dieser Kampf ein viel intensiverer und
wurde von jüdischer Seite mit viel größerem Heroismus,
mit viel bewunderungswürdigerer Ausdauer und Be=
geisterung geführt, als der gegen Babylon, sondern er
ist auch in seinen Folgen unvergleichlich weitreichender
und für die Geschichte der Menschheit entscheidender als
jener. Dies war ursprünglich auch die Ansicht unsres
Dichters, und schon hatte er in großen Zügen den Plan
zu einem diese Epoche behandelnden Drama entworfen,

als sich ihm hinterher Bedenken aufdrängten, die ihn veranlaßten, den Plan aufzugeben und die Vorgeschichte der Zerstörung des ersten Tempels zum Gegenstande seiner Dichtung zu wählen. Er selbst giebt dafür zwei Gründe an. „Erstens," sagt er, „hätte ich bei der Behandlung der römischen Epoche nicht umhin können, auf die Entstehungsgeschichte des Christentums einzugehen und so vielleicht Gefühle zu verletzen, die ich achte und den Glaubensmeinungen einer großen Mehrheit zu widersprechen, mit der mich Gefühle der Freundschaft und mitbürgerlicher Solidarität innig verbinden." Ein zweites Bedenken war dieses: Wenn auch der israelitische Gedanke um jene Zeit zu seiner vollendetsten Ausbildung gelangt war, so hatte er doch bereits auch fremde Elemente in sich aufgenommen und kam daher nicht mehr in seiner ursprünglichen Einfachheit und Reinheit zum Ausdruck. „Ich sah ein, daß ich höher, bis zur Prophetenzeit hinaufsteigen müßte, wollte ich den Geist des Judentums in seiner reinsten Ausprägung erfassen." So einleuchtend nun auch diese von dem Dichter selbst angegebenen Motive für die Wahl des historischen Hintergrundes zu seinem Drama sein mögen, so glauben wir doch, daß noch ein andrer wichtiger Umstand, vielleicht ihm selbst unbewußt und nur durch Vermittelung eines gewissen künstlerischen Taktes auf seine Entschließung von Einfluß war. In der gewaltigen Tragödie, deren Katastrophe die Zerstörung des

7

zweiten Tempels bildet, fehlt für die dramatische Be-
arbeitung das wichtigste Element: der tragische Held,
diejenige Persönlichkeit nämlich, die über alle andern
hinausragend, den gegebenen Konflikt in sich selbst dar-
stelle, und zum Austrag bringe, und als Mittelpunkt
der ganzen Handlung, der Leiden sowohl wie der
Wirkungen angesehen werden könne. Der tragische Held
ist hier das ganze Volk, und ein ganzes Volk eignet
sich eben, wie David Levi selbst richtig bemerkt, nicht
wohl zum Protagonisten eines Dramas. In der Epoche
der babylonischen Invasion hingegen tritt uns in
Jeremias der tragische Held bereits fertig und so voll-
endet, so mit allen wesentlichen Merkmalen eines solchen
ausgestattet, entgegen, daß der Dichter fast nichts hinzu-
zufügen nötig hat, daß er nichts in den Charakter hinein-
zulegen, sondern denselben, wie er historisch gegeben ist,
nur zu entwickeln braucht. Mit Recht sagt Lazarus:
„Jeremias ist durchaus eine tragische Natur, ein tragi-
scher Held in hervorragendem Sinne; er ist vielleicht
der größte tragische Charakter, der je in der Geschichte
hervorgetreten ist." Nur unterscheidet sich freilich
Jeremias insofern von den tragischen Helden des heidnischen Altertums, als er selbst schuldlos leidet. Die
Schuld ist vorhanden, aber sie ist nicht in ihm, sondern
in dem Volke, für welches er leidet. Sein Martyrium
ist ein freiwilliges und erweckt darum in uns um so
größere Sympathie und Bewunderung. Und noch eins,

nicht seine persönlichen Leiden sind es, in denen die eigentliche Tragik seines Lebens besteht, sondern das herzbrechende Mitleid mit seinem Volke, dessen selbst=verschuldetes jammervolles Schicksal er lange Zeit vor dessen Eintreffen voraussieht und doch nicht abzuwenden vermag, nicht weil das Schicksal selbst unabänderlich feststeht, sondern — und das ist es, was seinen Schmerz noch tiefer und brennender macht — weil das Volk trotz seiner Bitten und Drohungen nicht auf ihn hören, sich nicht bessern will. Diese Verstocktheit ist ein bittereres Leid für den Propheten als selbst ihre unausbleiblichen Folgen; die Schuld lastet schwerer auf seinem Herzen als die Strafe, die er verkünden muß. Nichts gleicht dem Jammer, der seine Brust zerwühlt, da er mit eignen Augen sehen muß, wie das Volk, welches von Gott bestimmt ist, als Vorbild und Führer für die ganze Menschheit auf den lichtvollen Höhen der Er=kenntnis und der Tugend zu wandeln, sich gleich den andern im Schmutze des Götzentums und der Sünde wälzt. Diese eigentümliche Tragik, die im Grunde beinahe allen jüdischen Propheten gemein ist, nur in Jeremia in ihrer höchsten Potenz auftritt, macht ihn wunderbar geeignet, den jüdischen Volksgeist in seinem schmerzvollen Ringen nach Selbsterhebung und Selbst=vervollkommnung in sich zu verkörpern. So ist denn in der That in dem Drama David Levis unter dem Bilde Jeremias das Volk selbst der eigentliche tragische

Held. Dieses ist es, sagt er selbst, welches gegenwärtig oder abwesend stets die Scenen erfüllt. Es ist das Volk mit seinen Irrtümern und Tugenden, mit seinen Vorzügen und Schwächen, das Volk, welches fällt, um sich wieder zu erheben, welches stirbt, um wieder geboren zu werden, welches leidet und kämpft, aber auch besiegt ausharrt im Kampfe und stets von neuem hofft und wartet. Jeremia ist nämlich, obgleich die wichtigste und hervorragendste, doch nicht die einzige Figur, unter welcher der Dichter das Judentum darzustellen sucht. Neben ihm, der gleichsam das männliche, wirkende Element des unterliegenden alten Judentums verkörpert, steht die gramgebeugte Gestalt der blinden Prophetin Hulda, in der die weibliche, leidende Natur desselben zum Ausdruck kommt. Während Jeremia, wenn auch hoffnungslos, gegen das unerbittliche Geschick noch ankämpft, kann Hulda nur klagen und verzweiflungsvoll die Hände ringen. Und diesen beiden Vertretern einer im Sterben liegenden Geschichtsepoche, treten als Verkünder einer bessern Zeit und einer trostreichen Zukunft die blühenden und vom Strahlenglanze der Jugend und der Schönheit umflossenen Gestalten Emanuels und Rahels gegenüber. Emanuel glaubt an die Zukunft und kämpft, Rahel leidet nur und hofft. Auch hier also wiederum die Zweiteilung in das männliche und das weibliche Prinzip. Sollte der Dichter bei dieser allegorischen Personifizierung des uralten und ewig sich

verjüngenden Judentums an die talmudische Über=
lieferung gedacht haben, wonach es eine abrahamitische
Münze gegeben haben soll, die auf der Vorderseite das
Bildnis eines Greises und einer Greisin und auf der
Rückseite das eines Jünglings und einer Jungfrau
aufwies?*) Wie dem auch sei, treffender und er=
schöpfender hätte das Wesen des Judentums und seine
geschichtliche Erscheinung nicht dargestellt werden können,
als es von D. Levi durch diese vier lebensvollen und
charakteristischen Gestalten geschieht. Von ganz be=
sonderem Reize ist namentlich die auch vom Dichter
mit besonderer Sorgfalt und Liebe gezeichnete Gestalt
Rahels, der „Jungfrau Judas", in welcher der idealste
Zug des Judentums, sein unerschütterliches Festhalten
an seiner Mission und sein unzerstörbarer Glaube an
die Zukunft am reinsten zum Ausdruck gelangt. Dem
Judentum gegenüber erhebt sich in der Mitte des
israelitischen Volkes selbst, als der gefährlichste innere
Feind, das Heidentum, vertreten durch den Beluspriester
Anania. In dem Buche Jeremia Kap. 29 wird be=
kanntlich ein Prophet Chanania ben Asur aus Gibeon
als Gegner Jeremias erwähnt. Derselbe verkündet dem
Volke im Gegensatz zu Jeremia die bevorstehende baldige
Befreiung von dem Joche Babylons. Jeremia bezeichnet
seine Weissagung als Lüge und kündigt ihm zur Strafe

---

*) Talmud b. Baba Kamma 97ᵇ; vgl. Ver. r. c. 39.

an, daß er eines unnatürlichen plötzlichen Todes sterben
werde, was auch noch in demselben Jahre eintrifft.
Aus diesen dürftigen Angaben hat die Phantasie David
Levis eine Gestalt geschaffen, die zu den gewaltigsten
und kühnsten Schöpfungen des dichtenden Menschen=
geistes gehört. Anania ist ein würdiger Gegner Jeremias.
Er vereinigt in sich die dämonische Verführungsgewalt
eines Mephistopheles mit der trotzigen Kühnheit eines
Prometheus. Kein Wunder, daß die Menge und selbst
der König, der allerdings ein charakterloser Schwächling
ist, sich seinem Einflusse nicht entziehen können und
fortwährend zwischen ihm und Jeremia, zwischen Heiden=
tum und Judentum hin= und herschwanken. In diesem
Kampfe zwischen den Genien des Bösen und des Guten
unterliegt endlich das Böse. Anania fällt von einem
Blitzstrahl getroffen in dem Augenblick, da er die in
seine Gewalt geratene Rahel, nachdem er vergebens mit
allerlei Lockungen und Drohungen um ihre Liebe ge=
worben hatte, dem Moloch zum Opfer bringen will.
Diese Lösung wird vielleicht manchem auf den ersten
Blick als eine willkürliche und undramatische, als eine
Art Deus ex machina erscheinen. Sie ist es aber
nicht. Man darf nämlich nicht außer acht lassen, daß
wir es hier mit einem biblischen Drama zu thun
haben, wo das Eingreifen einer höheren Macht in die
Geschicke der handelnden Personen nichts Befremdliches
hat. In der That stirbt ja auch der falsche Prophet

Charania, das historische Urbild unsres Anania, wie bereits oben bemerkt, eines plötzlichen Todes. Zudem ist diese unmittelbare Manifestation des göttlichen Straf=gerichts hier geradezu notwendig zur Vervollständigung der Allegorie, die, wie wir bei der folgenden Darstellung des Dramas noch zeigen werden, in dem Kampfe zwischen Anania und Rahel liegt. In dem tausendjährigen Kampfe, den das Judentum gegen das Heidentum aller Zeiten zu bestehen hatte, ist das sichtbare Eingreifen der göttlichen Vorsehung zum Schutze des bedrängten Volkes in dem Augenblicke der höchsten Not eine geschichtlich wiederholt hervorgetretene Thatsache und Anania teilt nur das Schicksal der Pharao, Haman, Antiochus und wie die Verfolger Israels, die noch immer von der strafenden Gerechtigkeit Gottes ereilt wurden, sonst heißen mögen. Anania stirbt und Rahel folgt ihren verbannten Volksgenossen ins Exil, durch ihr begeistertes Lied deren gebeugtes Gemüt aufrichtend, und auf deren dornenvollen Pfade die Blumen der Hoffnung und des Glaubens an eine schönere Zukunft streuend. Doch wollen wir nunmehr zur Darstellung des Dramas selbst übergehen.

Gang der Handlung.

Die Sünden Judas haben den Zorn Gottes gegen dasselbe erregt, und Er hat beschlossen, es der Zerstörung preiszugeben und sein Volk in die Verbannung zu schicken, damit es dort seine Fehler bereuen lerne und durch innere Wiedergeburt sich einer besseren Zukunft würdig mache. Der Prophet Jeremia, der den göttlichen Ratschluß kennt, läßt kein Mittel unversucht, um das Volk zur Buße zu bewegen und von dem verderblichen Kriege mit Babel abzuhalten. Allein das von dem götzendienerischen Adel und den Baalspriestern verführte Volk hört nicht auf ihn, und er wird als Vaterlandsverräter aus der Stadt verbannt. Jetzt durcheilt er das ganze Land, um bei dem weniger verderbten Landvolk das zu versuchen, was ihm in der Stadt nicht gelungen war. Allein von unwiderstehlichem Drange getrieben, ist er entschlossen, um jeden Preis nach Jerusalem zurückkehren, um dort noch einmal seine warnende Stimme zu erheben. Vorher jedoch will er in Rama mit den Prophetenjüngern Rat halten und die Eingebung Gottes erwarten. Dort trifft er mit seiner Tochter Rahel zusammen, die sich in Gesellschaft der alten und blinden Prophetin Hulda befindet. Nach und nach treffen die Jünger, die gleich ihm als Verbannte umherirren, zur Zusammenkunft in Rama ein. Einer von ihnen, des Propheten Liebling und Rahels Bräutigam, hat sich bis nach Babel vorgewagt und die innere Morschheit des gefürchteten Feindes aus eigener Anschauung kennen gelernt. Mit jugend= lichem Feuereifer und flammender Begeisterung drängt er zur That. Babels gefürchtete Kraft beruhe nur auf der Feigheit und dem sklavischen Sinne der Unter= drückten, die sich gegenseitig bekriegen und zerfleischen, anstatt gegen den gemeinsamen Feind sich zu erheben. Es gilt sie alle zu vereinen und zum heiligen Kampf aufzurufen. Das sei der Propheten Aufgabe. Die Wahrheit wird und muß siegen. Wann? Das liegt in Gottes Hand, aber der Mensch darf nicht unthätig bleiben. Er muß sich zum Werkzeug der Ratschlüsse Gottes machen.

> „Der Weg ist in der Menschen Hand,
> In Gottes Händen ist das Ziel,
> Unser ist die Zeit,
> Sein die Ewigkeit."

Er erzählt von den Leiden der Verbannten in Babylon, wie sie, unter dem Druck ihrer Dränger seufzend und von Sehnsucht nach Zion verzehrt, im Dunkel der Nacht an den Strömen Babels sitzen und, den Blick nach Zion hin gewendet, Trauergesänge an= stimmen. Jetzt, da sie die Botschaft von der Erhebung ihrer Brüder vernommen, eilen sie zu Tausenden nach der heiligen Stadt herbei, der Gefahren nicht achtend und dem Tode trotzend, um für Zion zu kämpfen. Seinem stürmischen Drängen giebt Jeremia nach. Doch soll der Kampf nur dann aufgenommen werden, wenn es gelingt, die benachbarten Völker Tyrus, Moab, Edom und Ägypten zu einem Bündnis mit Juda gegen Babylon zu vereinigen. Zu diesem Zwecke werden die Prophetenjünger nach allen Seiten ausgesandt, um die Koalition zu bewerkstelligen, während Jeremia und Emanuel nach Jerusalem zurückkehren. Damit schließt der erste Akt.

Der zweite Akt führt uns in das Königsschloß Zedekias, wo über die kurz vorher eingetroffene Nachricht von dem Falle Azekas, der letzten jüdischen Festung große Bestürzung herrscht. Dieses Ereignis versteht der Baalspriester Anania, der zugleich von töblichem Haß gegen Jeremia und von sündiger Leidenschaft für dessen Tochter Rahel erglüht, für seine höllischen Pläne trefflich auszunützen. Er führt das Unglück auf die schwere Beleidigung zurück, welche Jeremia und seine Tochter den Göttern zugefügt, indem sie durch ihre aufreizenden Reden das Volk dazu veranlaßt hätten, die Baalsaltäre zu zertrümmern. Den schwachen und unentschlossenen König, der bald den Gott Israels anbetet und bald vor Baal und Melitta sich niederwirft, sucht er mit glänzenden Vorspiegelungen künftiger Größe, die er in den Sternen für ihn gelesen haben will, zu bethören und für seine Wünsche zu gewinnen. Allein Zedekia ist eben zu schwach, um irgend einen Entschluß zu fassen. Kaum hat Anania sich entfernt, da erscheint

Jeremia vor dem König, und wie früher dem Baals=
priester, so leiht Zedekia jetzt dem Gottespropheten sein
Ohr und hört zitternd dessen vernichtende Weissagung an.
Auf seine Frage, ob noch Rettung möglich sei und auf
welchem Wege, erinnert ihn der Prophet, wie Israel
groß und glücklich war, so oft es seinem Gotte die Treue
bewahrt und wie jeder Abfall von diesem es in Knecht=
schaft und Unglück stürzte. In der Rückkehr zu Gott
solle er daher auch diesmal sein Heil suchen. Mit be=
geisterten Worten fordert er ihn schließlich auf, sich von
den fremden Göttern abzuwenden, und gleich Mose und
Josua einen neuen Bund mit Gott zu schließen und das
bethörte Volk zu seinem alleinigen Dienste, zur Sitten=
reinheit, zur Gerechtigkeit zurückzuführen. Dann könne
er getrost dem Feinde die Stirn bieten, dann sei der
Sieg ihm sicher. Schon rücke Emanuel mit einer be=
geisterten Schar gottgeweihter Krieger gegen das
feindliche Belagerungsheer und morgen, ehe die Sonne
aufgehe, werden sie siegreich in die Stadt einziehen. Das
möge dem König als ein göttliches Zeichen der Wahr=
heit seiner Verkündigung gelten. Die Vorhersagung des
Propheten geht in Erfüllung. Gefolgt von einer Schar
junger Propheten und aus dem Exil herbeigeeilter
Patrioten, zu denen nach und nach kleine Haufen ent=
schlossener Gebirgsbewohner stoßen, durchbricht Emanuel
am frühen Morgen die Reihen des Belagerungsheeres
und bahnt sich einen Weg in die Stadt, deren Thore

sich dem Sieger öffnen und wo er mit den Seinen mit
Jubel empfangen wird. Es ist der 15. Nissan, und troß
der überhandgenommenen Vielgötterei wallt das Volk
in großen Haufen zum Tempelberge hinauf, um seiner
uralten Gewohnheit gemäß das Pesachfest zu feiern.
Emanuel und seine Getreuen werden von der Volksmenge
in rasch aufwallender Begeisterung im Triumph dahin
geführt. An den zum Tempel emporführenden Stufen
stoßen sie mit Anania und seinem Anhang zusammen,
und mitten unter der hin und her wogenden Volksmenge, die bald auf die eine und bald auf die andere
Seite sich neigt, bald Emanuel und bald Anania zu-
jubelt, entspinnt sich zwischen diesen beiden ein Wort-
kampf, in dem jeder die Wahrheit der von ihm ver-
tretenen Anschauung zu beweisen und das Volk auf seine
Seite zu bringen sucht. Da erscheint Jeremia und mit
dem Worte flammender Begeisterung ruft er das Volk
zu dem neuen Bunde mit seinem Gotte auf, der es
aus Ägypten erlöst und auch von Babel es befreien
werde, wenn es treu zu Ihm halte und seinem Dienste
sich weihe.

„Kehr' um, o kehr' um, du Gemeinde des Herrn,
„Mag all seine Pfeile das Schicksal versenden,
„Mag immerhin nahe dem Staub es dich bringen,
„Der Sonne gleich leuchtend erhebst du dich wieder,
„Und schön wie der Morgen erglänzt dir dein Heil.“

Die leicht entzündliche Menge ist von den Worten
des Propheten hingerissen und schwört einmütig, sich

von dem Götzendienste abzuwenden und zum Gotte seiner
Väter zurückzukehren. Anania und seine Leute, gegen die
sich nun die Wut des Volkes wendet, sind in Gefahr,
von diesem umgebracht zu werden, allein Jeremia be=
schwichtigt die Menge. Gottes sei die Rache, und es
solle der heilige Ort und des Festes hehre Weihe nicht
durch das Blut der Verräter verunreinigt werden.
Friede und Liebe sollen fortan Israels Söhne verbinden,
es sollen die Sklaven befreit und das in Vergessenheit
geratene Jubeljahr wieder verkündigt werden.

> Wie einzig ist Gott in der Höh',
> Sei einzig der Opferung Stätte,
> Und brüderlich um den Altar
> Das Volk sich in Liebe vereine
>
> . . . .
>
> Von e i n e m Gedanken beseelt
> Der ewigen Sonne es gleichet
> Unsterblich und lebenverbreitend.
> Auf nun, o Israels Volk!
> Erschließt euch, ihr Pforten des Tempels
> In heilig erhabener Pracht:
> Es nahet ein Volk sich, dem Führer
> Ist Wahrheit, und Kraft — das Gesetz."

Bei diesen Worten thun sich die Pforten des
Heiligtums auf, und Levitenchöre stimmen Festgesänge
an, in die die Propheten mit den Worten einfallen, in
welche der zweite Akt ausklingt:

> „Der ganzen Menschheit erstrahle dein Licht.
> Und Himmel und Erde verbind' es von neuem."

Das Pesachfest ist vorüber und mit ihm die weihe=
volle Stimmung und die guten Vorsätze des Volkes.
Die Begeisterung, die damals an den Stufen des
Tempels so rasch emporgelobert war, ist ebenso rasch
wieder verflogen. Der feierliche Schwur ist vergessen,
und das Volk wandelt wie vordem in den Bahnen der
ausschweifendsten Sinnenlust und des scheußlichsten
Götzendienstes. Darauf hatte Anania auch gerechnet.
Er kannte die launische Menge zu gut, um wegen der
Niederlage, die er damals am 15. Nissan erlitten, sein
Spiel verloren zu geben. Zudem haben sich die Um=
stände inzwischen sehr zu seinen Gunsten verändert.
Die von ihm und seiner Partei so lange erwartete
und verkündete Hilfe Ägyptens war endlich eingetroffen, und
Nebukadnezar hatte sich genötigt gesehen, die Belagerung
Jerusalems vorläufig aufzuheben, um dem ägyptischen
Heere entgegenzuziehen. Darob herrscht große Freude in
Jerusalem, und das verblendete Volk, welches in dem Wahne
befangen ist, daß nun alle Not vorüber und daß die
vermeintliche Befreiung der Gunst der fremden Götter
zu danken sei, jubelt den falschen Propheten und den
Götzenpriestern, die es in diesem Wahne zu bestärken
suchen, zu und ergiebt sich mit um so zügelloserer Raserei
dem schamlosen und blutrünstigen Kultus des Moloch
und der Astarte. Im Vertrauen auf die starke Macht
Ägyptens wird von der Kriegspartei ein Ausfall ge=
plant, um dem babylonischen Heere in den Rücken zu

fallen und es so zwischen zwei Feuern gänzlich aufzureiben.
Vergebens erhebt Jeremia von neuem seine warnende
Stimme; vergebens verkündet er die baldige Rückkehr
des Babyloniers und das furchtbare Strafgericht, das
dann über die gottvergessene und meineidige Stadt
hereinbrechen würde. Das Volk hört nicht auf ihn.
Er wird als Schwarzseher und Unheilverkünder von
allen verlacht und gemißhandelt. Jetzt hält Anania
den Zeitpunkt für gekommen, um seinen verbrecherischen
Anschlag gegen den Propheten und dessen Tochter zur
Ausführung zu bringen. Der Hauptmann der Wache
Iria ist sein Freund und Vertrauter, und dieser soll ihm
bei der Verwirklichung seines schlau ausgedachten Planes
behilflich sein. Er weiß, daß Jeremia, von innerer
Unruhe getrieben, oft im Dunkel der Nacht, nur von
Rahel begleitet, die sündige Stadt verläßt, um draußen
auf den Bergen ungestört über das Unglück seines
Volkes zu klagen und heiße Gebete für dessen Rettung
zum Himmel emporzusenden. Bei einer solchen nächt=
lichen Wanderung sollen nun die beiden als verdächtig,
den in der Stadt geplanten Ausfall dem Feinde ver=
raten zu wollen, von der Thorwache ergriffen und
Jeremia ins Gefängnis, Rahel aber in den Belus=
tempel gebracht werden. Den Ausgang dieses Buben=
stückes erwartend, sehen wir im Beginn des dritten
Aktes Anania in dem auf einer Anhöhe gelegenen
Tempel, von einem mit Stern= und Götterbildern

phantastisch ausgeschmückten Turmgemach aus die Sterne
betrachten und aus ihnen günstige Vorzeichen für das
Gelingen seines Unternehmens herauslesen. Anania ist
nämlich ein betrogener Betrüger, er glaubt wirklich an
die zukunftkündende und gestaltende Macht der Sterne
und ist deshalb einigermaßen beunruhigt, da es ihm
scheint, als ob die Konstellation nicht ganz seinen
Wünschen entspräche. Doch während er noch darüber
nachsinnt und die zögernde Venus durch Beschwörungen
und durch Gelübde sich geneigt zu machen sucht, wird
ihm die Nachricht gebracht, daß der Plan gelungen sei
und das Opfer bald in seiner Gewalt sein werde.
Diese Nachricht versetzt ihn in einen Zustand höchster
Ekstase, in dem er gleichsam über sich selbst hinaus-
wächst und übermenschliche Kräfte in sich erwachen fühlt.
Er sieht in Rahel nicht nur das begehrenswerte Weib,
sondern ein Wesen höherer Art, 'durch dessen Besitz er
sich selbst zur Götterhöhe emporträumt. Wie er sie
damals in Tosta auf einem umgestürzten Altar, strahlend
von überirdischer Schönheit und hoch über die Menge
hinausragend stehen sah, das lange, schwarze Haar über
die Schultern herabwallend und das wunderliebliche
Antlitz mit dem begeisterten Seherblick zum Himmel
gerichtet, und das Volk mit unwiderstehlichem Zauber
begeisternd, hinreißend . . . . da erschien sie ihm, wie
eine hohe Göttin, wie der zur Erde herabgestiegene
Genius Israels. Und nun ist sie sein . . . Welch ein

Machtgefühl durchströmt bei diesem Gedanken sein ganzes Wesen! Tief unter seinen Füßen liegt die Stadt wie in tiefem Schlaf versunken, und über seinem Haupte wölbt sich in stiller Majestät der nächtliche Himmel mit seinen tausend und abertausend geheimnisvoll funkelnden Sternen. Alles ruht, nur er allein wacht und sinnt und forscht, ob es ihm nicht gelinge, die Natur in ihrem Schlafe zu überraschen und ihr das offenbarende Wort zu entreißen, welches Macht und Herrschaft verleiht. Doch siehe, dort auf dem gegenüberliegenden Hügel ragt trotzig und stolz, wie ein mächtiger Riese, der Tempel Israels empor, als wollte er ihm und seinem Belus die Herrschaft streitig machen und des Himmels unermeßlichen Bau ganz allein auf seinen Schultern tragen. Von jenem Tempel dort geht eine alte Sage, daß einst ihm die Herrschaft über die Völker gehören würde .... Ah, wenn es ihm, Anania, gelänge, dort seinen Thron zu errichten, von dort aus sein Reich über die Welt auszudehnen! .... Wieder wendet sich sein Blick der ruhenden Natur zu, der lebendigen, alles umfassenden Gottheit, welche die tausend über Himmel und Erde und Meere verstreuten Lebenskeime in ihrem Schoße vereinigt und sie in Ewigkeit zerstört und wieder erschafft. Wie ein Tempel erscheint ihm das Universum, vom Himmel, wie von einer Decke überwölbt, von der die Sterne wie Millionen angezündeter Lampen herab= leuchten; Altäre sind die rauchenden Bergesgipfel, die

8

Winde, des Meeres Wogen und des Waldes Rauschen
sind heilige Melodien lobsingender Priesterchöre, und
von den blühenden Feldern und Wiesen, von Thymian
und Myrte und der ragenden Ceder steigen unauf=
hörlich würzige Düfte wie Weihrauchwolken empor. Da
beginnt es am östlichen Horizont sich langsam aufzu=
hellen, die Sterne verhüllen ihr Angesicht, wie Priester
beim Erscheinen der Gottheit, die zitternden Schatten
der Nacht entfliehen, es regt sich überall in Feld und
Busch, die Vögel erwachen und stimmen erst leise und
dann lauter und immer lauter ihre schmetternden
Lieder an, die Erde errötet wie eine Braut unter dem
Kusse der Sonne, die sie mit ihren Strahlen wie in
glühender Umarmung umfängt. Jetzt ist die Sonne
ganz aufgegangen, und Anania wirft sich anbetend zur
Erde.

Der Vorhof des Tempels hat sich inzwischen all=
mählich mit einer bunten Volksmenge gefüllt, in welcher
über das Ereignis des Tages, die Aufhebung der Be=
lagerung, ihre Ursachen und wahrscheinlichen Folgen
in verschiedener Weise geurteilt und lebhaft gestritten
wird. Die götzendienerischen Priester verfehlen nicht, bei
dieser Gelegenheit Anania als wahren Propheten, der
dies alles vorausgesehen und verkündet hatte, laut zu
preisen, Jeremia hingegen als Neidhart, als Chaldäer=
freund anzuschwärzen und verächtlich zu machen. Darin
werden sie von Anania selbst, der sich nach einiger Zeit

zu ihnen gesellt, kräftigst unterstützt. Der Tag wird es kundthun, sagt er mit stolzer Zuversicht, wer der wahre Vaterlandsfreund und wer der Verräter sei. Indem wird von fern her dumpfes verworrenes Geräusch vernommen. Eine lärmende und schreiende Menge wälzt sich den Tempelberg hinauf. Bald werden auch die einzelnen Gestalten erkennbar. Es ist Jeremia, der von den Soldaten gefesselt, herbeigeschleppt und von einem wütenden Volkshaufen mit Flüchen und Drohungen begleitet wird. Tod dem Verräter! Er soll sterben! so schallt es von allen Seiten und die Menge drängt wütend auf Jeremia ein, um ihn der Wache zu entreißen und zu töten. Einem der angesehensten Volksältesten gelingt es jedoch, sich Gehör zu verschaffen und die erhitzten Gemüter zu beruhigen. Es sei in Israel niemals Brauch gewesen, selbst den gemeinsten Verbrecher ungehört zu verdammen. Hier im Vorhof des Tempels, im Angesichte des Volkes solle ungesäumt eine ordentliche Gerichtssitzung veranstaltet und über den Angeklagten nach Recht und Gesetz geurteilt werden. Wenn seine Schuld erwiesen, so möge die gerechte Strafe ihn schonungslos treffen. Dieser Aufforderung wird Folge geleistet, und nachdem die Volksältesten als Richter sich in hergebrachter Weise geordnet und die Krieger sich zu beiden Seiten derselben aufgestellt haben, beginnt die Verhandlung, die der Herold mit folgenden Worten eröffnet: „Höre, o Israel! Volk des Gesetzes,

Gericht ist eröffnet, es thronet der Herr in der Richter
Versammlung. Im Namen des Höchsten gebiet' ich
Euch Schweigen." Diese Volksgerichtsscene ist ein wahres
Meisterstück. Die einzelnen Phasen der Verhandlung,
Anklage, Zeugenverhör und Verteidigung sind mit so
bewundernswerter Treue des Kolorits, mit so packender
Anschaulichkeit geschildert, daß man sich mitten unter
die leidenschaftlich erregte Menge versetzt fühlt und die
wechselnden Empfindungen, mit denen dieselbe dem Ver=
laufe der Verhandlung folgt, innerlich mit durchmacht.
Stumm vor Schmerz und Entrüstung hört der Prophet
die gegen ihn erhobene Anklage auf Landesverrat, ohne
ein Wort zu erwidern, an. Vergeblich sind die Bitten
und Beschwörungen seiner wenigen Freunde und Ver=
ehrer, doch nur ein Wort zu seiner Verteidigung zu
sagen und die freche Anklage zurückzuweisen und zunichte
zu machen. Den Blick wie abwesend in die Ferne ge=
richtet, verharrt er unabänderlich in seinem düstern
Schweigen. Was soll er auch sagen? Ist diese An=
klage gegen ihn, der seit mehr als zwanzig Jahren
keinen andern Gedanken hat, als das Wohl seines
Volkes, für welches er unsägliche Qualen erlitten, für
welches er ein Martyrium ohne Gleichen auf sich ge=
nommen, ist diese Anklage nicht das traurigste Zeichen,
wie weit es mit diesem Volke gekommen? Er sieht
es immer näher dem Abgrunde zutaumeln, in dem es
seinen Untergang finden soll, und sein Arm ist macht=

los, um es davon zurückzuhalten. Was kümmert ihn
da der Ausgang dieser Verhandlung? was liegt an
seinem Leben? Da drängt sich plötzlich ein äthiopischer
Sklave durch die Menge hindurch, stürzt dem Propheten
zu Füßen, küßt inbrünstig den Saum seines Mantels
und erzählt dann schluchzend der verwundert lauschenden
Menge, wie er in der vergangenen Nacht auf jener Anhöhe den Propheten zusammen mit seiner Tochter habe
laut zu Gott beten und weinen hören für die Rettung
seines Volkes. Die Erzählung des Äthiopiers macht
einen tiefen Eindruck auf die Versammlung und schon
werden mehrere Stimmen zu seinem Gunsten vernommen, da ergreift Anania von neuem das Wort zur
Anklage und durch geschickte Gruppierung von Ver-
dachtsgründen gelingt es ihm, Richter und Volk so
völlig umzustimmen, daß selbst die Freunde Jeremias
an ihm irre zu werden und an seiner Unschuld zu
zweifeln beginnen. Noch einmal beschwören sie ihn bei
der Liebe zu Zion und zur Gerechtigkeit die schwere An-
schuldigung von sich abzuwälzen, und als hätte der
Name Zions den Bann gelöst, der bis jetzt auf seiner
Seele gelastet, so bricht jetzt endlich der Prophet sein
brütendes Schweigen und, o Erbe, Erbe, Erbe! so
schreit es aus der gequälten und nach Fassung ringenden
Brust hervor, und wie grollender, von den Bergen
wiederhallender Donner tönt es durch die Versammlung,
daß die Herzen der Hörer in ihrem Innersten erbeben.

Er schildert die alles Maß übersteigenden Sünden Judas und den drob erwachten Zorn des Höchsten, der alle Gewalten der Zerstörung gegen es aufruft und Tod und Vernichtung auf seine gesegneten Fluren herab= sendet. Doch allmählich verlöschen die zuckenden Blitze, der Donner verhallt und die zürnende Rede geht in eine sanfte, erschütternde Klage über. Der Prophet vernimmt die Stimme der Erzmutter Rahel, die weinend vor dem Thron Gottes um Gnade für ihre Kinder fleht, er sieht die Gräber der Patriarchen sich öffnen und ihre ehrwürdigen Gestalten trauernd umherirren, die ganze Schöpfung scheint in Trauer gehüllt, und Erbarmen! zu rufen, aber zu spät! zu spät! das Urteil ist gefällt — so tönt es geheimnisvoll durch die Lüfte, und zu spät! zu spät! hallt es dumpf von Himmel und Erde zurück . . . .

Der Eindruck dieser Rede ist ein gewaltiger, er= schütternder. Wohl gelingt es Anania, ihn durch er= neuerte Angriffe auf Jeremia einigermaßen abzuschwächen, aber das erschreckte und eingeschüchterte Volk wagt es nicht mehr, sich an dem Propheten zu vergreifen. Dieser wird von den Richtern freigesprochen, nur soll er, um das Volk nicht ferner mit seinen Reden zu entmutigen, bis nach vollständiger Beendigung des Krieges, im Kerker behalten werden. Während er von den Soldaten dorthin abgeführt wird, begegnet ihm Emanuel, der ihn mit Gewalt von der Wache zu

befreien ſucht; aber Jeremia befiehlt ihm ruhig zu
bleiben und ihn ſeinem Schickſal zu überlaſſen. Und
wo iſt Rahel? fragt nun Emanuel. Jetzt erſt bemerkt
der Prophet, daß dieſe nicht an ſeiner Seite ſei und
von düſterer Ahnung erfaßt, drängt er Emanuel zur
Eile, ihre Spur aufzufinden und ſie zu befreien. —

Rahel war indes in den Belustempel gebracht
worden. Dort erwacht ſie aus einer ſchweren Betäubung.
Es iſt Nacht und ſie iſt allein, ohne zu wiſſen, wo ſie
ſich befindet. Da bringt von außen her Chorgeſang
an ihr Ohr. Sie fühlt ſich von einem geheimen Schauer
erfaßt, und angſtvoll horcht ſie auf die Worte des
Geſanges, die ihr das Blut in den Adern erſtarren
machen. Kein Zweifel, das ſind die Dienerinnen der
unzüchtigen Melitta, die dort ſingen, und ſie iſt in der
Gewalt der Todfeinde ihres Vaters und ihres Glaubens.
Mit tiefem Grauen erkennt ſie ihre furchtbare Lage,
aber hilflos und verlaſſen, wie ſie iſt, richtet ſich ihre
Seele allmählich wieder auf im Vertrauen auf Gott,
den Allgegenwärtigen, und von neuer Hoffnung beſeelt,
beginnt ſie leiſe zu ſingen:

„Die tönende Harfe man hat mir genommen,
Ach wie beklommen
Verſchmacht' ich im Schatten,
Die Glieder, die matten,
Sie ſind wie gebrochen,
Das Herz iſt durchſtochen.

Durchstochen das Herze, doch schweift der Gedanke
Der sehnsüchtig kranke,
Der allzeit gequälte
Und schmerzenvermählte
Und suchet und bebet
Und seufzet und strebet!

Und seufzet und strebet, wie Flamme, die brütet
Nur mächtiger wütet,
Jemehr man ihr wehret;
Von Sehnsucht genähret
Erstarken die Triebe
Der Jungfrauenliebe.

Der Liebe im schmerzvollen Kampfe und Ringen
Erwachsen die Schwingen,
Die kräftig sich regen
Zum Himmel verwegen
Vom irdischen Leben
Den Flug zu erheben.

Den Flug zu erheben, zerreißend die Bande
In schönere Lande
Im Geist sich zu flüchten
Zur Wahrheit, zur lichten
Zu dir, o du Reiner,
Unendlicher, Einer!

Unendlicher, Einer, erhabener Meister,
Der Herzen und Geister
Erschafft und erleuchtet,
Zu dir, wie zum Neste die Taube, ich eile,
Und himmlische Ruhe mit Engeln ich teile.
Mein Hort, du mein Starker, du wirst mir zum Heile,
Daß furchtlos ich weile!"

Draußen beginnt der Chorgesang von neuem; es öffnen sich die Pforten des Tempels, und herein tritt Anania, begleitet von einer Schar Fackeln tragender und Weihrauchpfannen schwingender Priester. Anania wirft ihr einen Ring in den Schoß, wodurch sie feierlich dem Dienste der Melitta geweiht werden soll. Aber sie schleudert den Ring mit Verachtung weit von sich fort. Auf einen Wink Ananias entfernen sich darauf die Priester, und er bleibt allein mit ihr zurück. Die darauffolgende Scene ist eine lebensvolle und künstlerisch vollendete symbolische Darstellung des siegreichen Kampfes, den Israel gegen das Heidentum aller Zeiten bestanden hat und wie weder die sirenenhaft lockenden Versuchungen noch die Drohungen und Gewaltthaten, denen es ausgesetzt war, es seinem Gotte haben abwendig machen können. Bei der leidenschaftlichen Liebeswerbung Ananias und der standhaften Abwehr, die ihm Rahel entgegensetzt, muß man unwillkürlich an das schöne Akdamuth-Lied*) denken, wo ebenfalls Israel in der Gestalt eines jungen, schönen Weibes erscheint, das die ungestüme Werbung der Nationen würdevoll zurückweist.

> „Wer ist denn dein Liebster, du holde Gestalt,
> Um den du nicht achtest der Löwen Gewalt?
> O, wolltest du wandeln mit uns, deinen Herrn,
> All deine Wünsche erfüllten wir gern.“

---

*) Ein im deutschen Synagogenritus üblicher aramäischer Prolog zur Vorlesung des Festabschnittes am ersten Tage des Wochenfestes.

So sprechen die Nationen zu Israel, worauf dieses erwidert:

„Ach, kenntet ihr ihn nur, wie würdet ihr weise!
Was gilt euer Glanz vor der Ewigkeit Preise,
O herrlicher Tag, da einst aufgeht mein Heil,
Die lichtvollste Zukunft mir wird dann zu teil.“

Ganz ähnlich erwidert hier Rahel auf die glänzenden
Vorspiegelungen von königlicher Pracht und Herrlichkeit,
mit denen Anania sie zu locken versucht:

„Nach anderen Schätzen wohl steht mir der Sinn,
Zu anderer Größe, ach, zieht es mich hin,
Nach dir ist mein Sehnen, o Gott, nur allein,
Der Herrlichkeit Zions laß Zeuge mich sein.“

Und da er fortfährt in sie zu dringen, ihre einsame
Existenz in der Grotte zu Rama, wo ihre strahlende
Schönheit ungekannt und unbewundert verkümmern
müßte, mit dem glanzvollen Leben an seiner Seite zu
vertauschen, wo sie von allen bewundert und gleich
einer Göttin verehrt, auch zur Verherrlichung und zum
Triumphe Israels würde beitragen können, fügt sie
ablehnend hinzu:

„Geschrieben im Himmel sind Judas Geschicke,
Erhaben und sicher ist Israels Los;
Wenn einst es durch Leiden gereist ist zum Glücke
Erglänzt ihm die Sonne so herrlich und groß.
Gerne ertrag' ich die Schmerzen der Welt
Und — glaub' mir — nicht einen der goldenen Träume,
Die oft mir mit freundlichem Lichtstrahl erhellt
Des einsamen Rama veröbete Räume,
Vertausch' ich für all' dein' erlogene Pracht,
Für Reichtum und Herrschaft und fürstliche Macht.“

Nun ist die Geduld Ananias zu Ende, und da er vergebens gebeten, beginnt er zu drohen. Sie sei in seiner Gewalt und da sie seine Liebe verschmähe, soll sie seinen Haß kennen lernen. Es bedürfe nur eines Winkes von ihm, um sie als Opfer des Moloch dem Feuertode zu überantworten. Er schildert die grausamen Qualen, denen sie durch ihre Halsstarrigkeit entgegengehe, aber Rahel bleibt unerschütterlich fest, wie vordem; sie spottet jetzt seiner Drohungen, wie sie bisher seinen Versuchungen wiederstanden hat; sie befiehlt ihre reine Seele dem Herrn und ist bereit, den Märtyrertod zu sterben. Der vor Wut fast wahnsinnig gewordene Anania ruft die Priester herbei, und schon stürzen sich diese auf Rahel, sie in den nebenanliegenden Raum schleppend, um sie dem flammensprühenden Moloch in die Arme zu werfen, da wird von außen her lautes Waffengeklirr vernommen, während gleichzeitig ein schweres Gewitter losbricht. Der Blitz hat in der Nähe des Altars eingeschlagen, und Anania stürzt geblendet und wankend auf die Scene. Ihm folgen Emanuel mit Rahel und die entsetzte Priesterschar. Anania verfällt allmählich in einen Zustand des Deliriums, wilder Verzückung, in dem er den flammenden Horeb vor sich sieht, vor dem seine Götzen erbleichen und verschwinden, und mit dem Aufschrei: „Du hast gesiegt, o Unendlicher, Einer!" stürzt er tot zu Boden. Hiermit ist der dritte Akt zu Ende, und alles drängt nun zur Katastrophe hin. Das Judentum hat geistig den Sieg über das Heidentum davongetragen, materiell wird es demselben erliegen: Rahel ist rein aus dem Kampfe hervorgegangen, aber sie wird ins Exil wandern müssen, um die Sünden ihres Volkes zu sühnen und einer neuen schöneren Zukunft entgegenzuharren.

Am Beginn des vierten Aktes erfahren wir, daß die Vorhersagung des Propheten sich erfüllt hat. Nebukadnezar hatte nach einem raschen Siege über die Hilfstruppen Ägyptens seine Waffen wieder gegen Jerusalem gewendet; die geringe Streitmacht, die ihm von da aus entgegengeschickt wurde, war beinahe gänzlich aufgerieben, und die von neuem belagerte Stadt, in der nun auch Hunger und Pest, des Krieges unheimliche Begleiter, zu wüten beginnen, bereitet sich zum letzten Verzweiflungskampf vor. Die von Jeremia an die Nachbarvölker ausgesandten Prophetenjünger sind zurück= gekehrt. Sie bringen trostlose Kunde. Statt der er= warteten Hilfe haben sie überall nur Spott und Schaden= freude gefunden. Es bleibt nun nichts anderes übrig, als bis zum letzten Augenblick sich tapfer zu verteidigen und im übrigen dem Willen Gottes sich zu ergeben. Schon hat der Feind die äußere Umfassungsmauer durch= brochen, und schon wütet der Kampf vor den Thoren der Stadt. Auch Emanuel zieht in den Kampf hinaus, und die Scene, in der er von Rahel Abschied nimmt, ist

eine der schönsten des ganzen Dramas. Sie versucht
es zuerst, ihn zurückzuhalten und zur Flucht mit ihr zu
bewegen. Aber bald sieht sie selbst das Ungebührliche
ihres Verlangens ein. Die selbstsüchtige Regung des
liebenden Weibes ist überwunden, und die Tochter des
Propheten erhebt sich wieder zur Höhe opferfreudiger
Entsagung. Sie will mit ihm in den Kampf ziehen
und an seiner Seite für ihr Volk sterben, aber er lehnt
es mit den Worten ab, in denen der Dichter wieder
einmal die Bestimmung Israels andeuten wollte:

„Zum Lieben,
Zum Beten und Denken hat Gott dich geschaffen,
Und nimmer soll Blut deine Hände entweihen,
Inmitten der Qual, die das Herz dir zerreißt,
Inmitten der Stürme, die wild dich umtosen,
Heb' hoch du empor deine Hand, die so rein,
Und weise zum Himmel die Menschen hinauf,
Und lehr' sie die Hoffnung bewahren im Leib."

Endlich naht der Augenblick der Trennung. Doch
ehe sie auseinandergehen, soll das Band der Liebe, das
ihre Seelen im stillen längst mit einander geknüpft,
nun auch vor Gott besiegelt und geweiht werden. An
den Stufen des Tempels schwören sie sich, Hand in
Hand, ewige Treue und nimmer erlöschende Liebe. Bei
dem symbolischen Charakter, der, wie wir gesehen haben,
allen Hauptfiguren des Dramas anhaftet, liegt es nahe,
in der Verbindung der beiden Liebenden, die in dem
Augenblick erfolgt, da das Judentum mit dem bevor=

stehenden Verluste seiner staatlichen Existenz erst zum
Bewußtsein seiner sittlichen und geistigen Kräfte gelangen
und im Exil für die Lösung seiner weltgeschichtlichen
Aufgabe sich vorbereiten soll, eben diesen bewußten An=
schluß, diese innige Hingabe des geschichtlichen Israels
an seine ideale Bestimmung, die in Rahel verkörpert
ist, sinnbildlich dargestellt zu sehen. Diese Auffassung
erhält in der That ihre volle Bestätigung durch die
letzten Worte Emanuels:

„Mag immerhin wüten die Tücke des Schicksals,
Zerstörungsgewalten entfesseln der Abgrund,
Mag uns zu entzweien sich türmen die Hochflut
Der Fürsten und Völker — ich schwör' es beim Himmel,
Vereint sind wir beide zu ewigem Bunde.

Laß immerhin Menschen und Länder und Meere
An uns ihre Kräfte zusammen erproben,
Von tausend Geschossen getroffen mag sinken
Verblutend zu Boden dies irdische Leben,
Vereint sind wir beide zu ewigem Bunde."

Mit diesen Worten reißt sich Emanuel los und
stürmt fort nach dem Kampfplatz, während Rahel
weinend auf den Stufen des Tempels zurückbleibt. —
Hat uns der Dichter in der eben geschilderten Scene
die mitten in seinem Todeskampfe begonnene Wieder=
geburt des israelitischen Volkes, wie sie durch immer
engern Anschluß an seine Eigenart und an seine reli=
giösen Ideale sich vollziehen soll, symbolisch angedeutet,

so läßt er uns in der darauffolgenden Scene in einer prophetischen Vision Jeremias gleichsam die geschichtlichen Folgen dieses Prozesses, wie in weiter Perspektive vorausfehen. In tiefes Sinnen versunken, fißt der Prophet bei dem schwankenden Scheine einer erlöschenden Lampe in seiner einsamen Kerkerzelle. Er hat lange in der heiligen Schrift gelesen, und wie von unsichtbarer Macht emporgetragen, schwingt sich sein Geist aus den beengenden Schranken der Gegenwart hinaus in die ungemessenen Fernen der Zukunft. Die wechselvollen Geschicke seines Volkes spielen sich vor seinem geistigen Auge in ununterbrochener Reihenfolge ab. Von fernher bringt Waffenlärm an sein Ohr. Das ist das Schwert Babels, das vor den Thoren wütet. Ein namenloses Weh durchzuckt den Propheten. Es ist als ob jeder Streich, der dort draußen geführt wird, auf sein eignes Herz fiele. Er sieht Judas geweihte Fluren sich mit Leichen bedecken, und seines Volkes Söhne in die Verbannung wandern. Doch horch, ist das nicht froher Gesang, der von den Bergen herüberschallt. In langen Scharen kommen sie von Babel hergezogen, die aus der Verbannung Heimkehrenden. Mit Jubel begrüßen sie die heimatlichen Berge, und Danklieder steigen durch die blaue Luft zum Himmel empor. Wie ein belebender Hauch zieht es über die veröbeten Fluren hin, und aus den Trümmern erhebt sich in bräutlicher Schöne ein neues Jerusalem . . . . . .

Und wieder bringt Waffengetös an das Ohr des Propheten. Vom Westen her braust's wie ein gewaltiger, verheerender Sturm heran. Throne stürzen und Städte sinken in Trümmer. Wiederum tobt der Kampf vor den Thoren Jerusalems, wiederum fließen Ströme von Blut, — aber ach, vergebens; Juda unterliegt von neuem im Kampfe mit einem übermächtigen Feinde, der sein Land verwüstet, seinen Tempel in Flammen auf= steigen läßt und seine Söhne in alle Welt zerstreut. Aus dem zerrissenen Schoße Judas steigen zwei gewaltige Mächte empor, die sich in die Herrschaft über die Erde teilen, nur für dieses bleibt nichts zurück — als Sklaven= ketten und Scheiterhaufen. Jahrtausende vergehen, während welcher die Menschheit unter dem eisernen Joche dunkler Mächte seufzt, welche die Wahrheit be= kämpfen und dem freien Gedanken Gewalt anthun. Liebe und Gerechtigkeit scheinen von der Erde ver= schwunden zu sein, und zischend erhebt die Schlange des Hasses ihr Haupt. Doch weit, weit in der Zukunft nebliger Ferne erglänzt's verheißungsvoll wie der erste Strahl der Morgenröte. Immer heller und heller wird's auf Erden. Die Gespenster der Nacht fliehen vor dem siegreich vordringenden Tage. Die Macht der Lüge ist gebrochen, das Reich der Wahrheit ist gekommen.

„Es beugt sich nun willig der freie Gedanke
Dem himmlischen Geiste, der all' insgesamt,
Zertrümmernd jegliche trennende Schranke,
Die Seelen mit heiligem Wollen entflammt.“

„Auf Zions geweihetem, ewigem Grunde
Seh' ich vier Welten sich reichen die Hand,
In Liebe vereinigt zu heiligem Bunde
Umschlingt nun die Menschheit ein brüderlich Band."

Aus dieser Versunkenheit in die Schau einer großen
und herrlichen Zukunft, wird der Prophet zur schmerzens-
reichen Gegenwart zurückgerufen durch die Stimme
jenes äthiopischen Sklaven, der damals bei der Gerichts-
verhandlung so mutig für ihn eingetreten war, und der
sich jetzt in seinen Kerker geschlichen, um ihn zu befreien.
Jeremia ist tief gerührt von der Treue des Äthiopiers,
lehnt jedoch dessen Antrag, mit ihm aus dem Kerker
zu entfliehen, entschieden ab. Indem werden draußen
eilige Schritte vernommen, die Thür der Zelle öffnet
sich und der König tritt, bleich und mit verstörtem
Gesichte, herein. Die Mauern sind gefallen, verkündet
er, und die Zionsburg mit einigen schwachen Verschanz-
ungen vermögen den Ansturm des Feindes nur noch
für kurze Zeit aufzuhalten. „Was wird mein und
meiner Kinder Schicksal sein?" fragt er angstvoll den
Propheten. Doch dieser vermag ihm kein Wort des
Trostes zu sagen. Seine anfangs zornige und vorwurfs-
volle Erwiderung verwandelt sich zuletzt in den Ausdruck
tiefsten Mitleids mit dem Schicksal Zedekias, und als
dieser ihn beschwört sich, dem Volke, welches in seiner
höchsten Not nach ihm verlangt, zu zeigen, es zu trösten
und für dasselbe zu beten, willigt der Prophet ein, mit
ihm zu gehen.

9

„So komm' denn, o Herr,
Wenn anders noch Hoffnung gestattet,
So mögen wir immerhin hoffen,
Doch müssen wir fallen, so gilt es,
Im Falle uns größer zu zeigen,
Als jemals im Glücke wir waren."

Der fünfte Akt beginnt mit einer phantastischen Scene, die sich in der Vorhalle des Tempels abspielt, und in welcher der Dichter die Ideen des Freimaurertums, welches mit seinen mysteriösen Symbolen bekanntlich an den Salomonischen Tempelbau anknüpft, zur Darstellung bringen will. Und man muß gestehen, daß die Gelegenheit dazu nicht besser hätte gewählt werden können und daß sie sich dem Dichter gleichsam von selbst darbot. Der sichtbare Tempel wird bald in Flammen aufgehen, aber der Geist, der ihn aufgerichtet und der in ihm gewohnt, er wird in die Welt hinausziehen und wird fortfahren zu arbeiten an dem großen unsichtbaren Tempel, der einst die ganze Menschheit umfassen soll. Hundertmal zerstört, wird er hundertmal aus den Trümmern erstehen, immer schöner und weiter und glänzender als zuvor. Nimmer ermüden dürfen die Arbeiter ob auch Haß und Verfolgung der einzige Lohn seien für ihr Mühen. Kommen wird doch der Tag, da die ganze Menschheit sich ihnen anschließen wird, um gemeinschaftlich das große Werk zu vollenden. Dies sind ungefähr die Gedanken, in die sich der Inhalt

der ersten Scene zusammenfassen läßt und die der Dichter
höchst wirkungsvoll durch geheimnisvolle Stimmen ver=
künden läßt, die in den verlassenen Räumen des Tempels
zur nächtlichen Stunde laut werden. Ein Meister mit
seinem Lehrling treten auf, und während sie mit Richt=
wage, Winkelmaß und Zirkel herumhantieren, erzählt
der Meister dem Lehrling, was er von seinem sterbenden
Vater als uralte Überlieferung, die sich von Geschlecht
zu Geschlecht vererbt hat, über Salomon, Hiram, den
Tempelbau und dessen Bedeutung für die Zukunft der
Menschheit, erfahren. Nachdem sie unter solchen Ge=
sprächen eine Weile fortgearbeitet haben, werfen sich
beide auf das Marmorpflaster der Halle hin, um aus=
zuruhen. Da werden sie plötzlich aus ihrem Schlummer
geweckt durch jene geheimnisvollen Stimmen, die bald
unter der Erde, bald zwischen den Säulen und bald
zwischen den Cherubim, die über der heiligen Lade
schweben, hervorzukommen scheinen. Vor den erschreckten
Blicken der beiden Lauschenden hebt sich auf einmal
einer der gewaltigen Marmorfliesen langsam empor
und aus der Vertiefung steigt eine mächtige Gestalt mit
einem Wanderstabe bewaffnet hervor. Es ist Hiram,
auf dessen dreimaligen Ruf: Heran, ihr Brüder! sieben
Arbeiter sich zu ihm gesellen, und ihre Hände, wie zu
einer Kette in einanderschlingend, entschweben sie, wie
Geister den Räumen des Tempels und verschwinden im
Dunkel der Nacht. Der Morgen bricht an, und in der

9*

Nähe des Tempels erscheint die greise und erblindete Prophetin Hulda, geführt von einem Kinde.

„Wo sind wir?" — fragt sie das Kind — „sanfter scheinen mir hier die Lüfte zu wehen und weniger hart der Boden, den ich trete". Und da ihr das Kind das majestätische Gebäude beschreibt, das sich vor ihnen auf dem Gipfel des Berges erhebt, steigt vor ihrem Geiste die Erinnerung an ihre Jugendzeit auf, da sie den Tempel in seiner Herrlichkeit geschaut, in dem die Priester in weißen Gewändern den Dienst verrichteten, während die Wände und die Säulen von dem Halleluja der Levitenchöre und dem Heilig, heilig, heilig der anbetenden Volksmenge wiederhallten. Ach, diese glücklichen Tage sind dahin; stumm und verödet steht der Tempel da, erloschen ist die ewige Lampe, und das heilige Feuer auf dem Altare ist unter der Asche begraben. „Doch siehe, ruft sie auf einmal begeistert aus, sieh' wie der Tempel mit seinen Bogen und Wänden und Säulen, von der Erde sich loslösend, hoch in die Lüfte emporschwebt, wie er majestätisch im Sonnenlicht erglänzt, wie seine Räume gewaltig sich weiten, bis sie wie des Himmels unermeßliche Wölbung alle Geschlechter der Erde umfassen." Doch kaum hat sie diese Worte gesprochen, verfällt sie wieder in ihr düsteres Brüten, dem sie selbst Rahel, die ihr begegnend auf sie zueilt und sie mit Liebesworten überhäuft, nicht zu entreißen vermag. Vergebens versucht diese ihr Trost zuzusprechen.

Die in ihren grollenden Schmerz versunkene Greisin
scheint sie nicht zu erkennen, und wie in der ersten Scene
in der Grotte von Rama, nur noch schauerlicher und
erschütternder, tönt die Klage verzweiflungsvoll und trost=
los von ihren Lippen. Ihre erregte Phantasie erschöpft
sich in Bildern des Jammers und der Zerstörung. Sie
sieht nichts als Gräber und modernde Leichen, hört
nichts als das Jammern der Verwundeten und das
Todesröcheln der Sterbenden. Endlich gelingt es Rahel
den Bann, der bisher auf dem Gemüte der Greisin
gelastet, zu durchbrechen. Hulda erkennt sie nun und
aus den erblindeten Augen fließen Thränen der Freude
und des Schmerzes zugleich.

> „O Rahel, o Rahel, jetzt kenn ich dich wieder,
> Gebahnt hat der Ton deiner lieblichen Stimme
> Den Weg sich zum Herzen, von Kummer umnachtet,
> Wenn Alles vergehet und stürzet zusammen,
> Nicht wanket in Ewigkeit doch deine Treue."

Sanfter und milder fließt jetzt die Rede der Alten.
Mit tiefer Wehmut gedenkt sie wieder der Vergangen=
heit, und die Gegenwart überspringend, versenkt sich ihr
Geist in die ferne Zukunft, da

> „Die Erde wird gleichen der Sonne,
> Die Kinder der Menschen den Sternen,
> Die fröhlich im All sie umkreisen."

Doch bald verdüstert sich der Geist der Prophetin
von neuem. Sie fühlt die Stunde der Entscheidung
herannahen, sie sieht überall nur Blut und Feuer, und

von Grauen und Verzweiflung erfaßt, stürzt sie fort, während Rahel stumm vor Entsetzen zurückbleibt. Der Kriegslärm kommt indeß immer näher. Scharen von Flüchtlingen stürzen den Tempelberg herauf, unter diesen auch Jeremia, der den tötlich getroffenen Emanuel am Arm führt. Die Scene, in der das Wiedersehen der beiden Lie=benden und der Tod Emanuels geschildert werden, ist von höchster dramatischer Wirkung und voll erschütternder Wahr=heit. Von unten bringt das verworrene Geräusch des Schlacht=getümmels und das Jammergeschrei der Verwundeten herauf. Die ganze Stadt ist in Rauch und Flammen gehüllt, und schon fliegen einzelne Feuerbrände auf das Dach des Tempels nieder. Der sterbende Emanuel, den Rahel weinend mit ihren Armen umfaßt hält, sieht und hört dies alles, aber kein Laut des Schmerzes kommt über seine Lippen. Sein brechendes Auge ist der aufgehenden Morgenröte zugewandt, in der die scheidende Seele die Verkündigung eines neuen, schönern Daseins erblickt. Eine stille Heiterkeit verbreitet sich über sein verklärtes Antlitz, und mit den Worten, mit denen er damals von Rahel Abschied nahm: „Vereint sind wir beide zu ewigem Bunde", haucht er seine Seele in ihren Armen aus.

Mit Mühe gelingt es Jeremia, Rahel von dem Körper des Entseelten zu entfernen und mit sich fort=zuführen. In der darauf folgenden Scene sehen wir sie beide zusammen mit den Fürsten und Ältesten des

Volkes als Gefangene auf freiem Felde im Lager der Babylonier. Es erscheint ein Bote des Königs, der Jeremia die Wahl freistellen läßt, ihm als sein Rat=geber nach Babylon zu folgen oder hier mit dem geringen Rest des armen Volkes zurückzubleiben. Jeremia zögert keinen Augenblick sich für das Letztere zu ent=scheiden.

„Ein Sohn des Volkes bin ich und der Trauer,
Zum Volke gehör' ich, bei ihm will ich bleiben."

Rahel aber soll mit den Andern in die Verbannung wandern. Sie soll ihnen Trost zusprechen und die Hoffnung auf eine bessere Zukunft immer von neuem in ihnen beleben. Während die Gefangenen im Begriff sind fortzugehen, gewahren sie von ferne eine mächtige Feuersäule, die sich vom Tempelberge gen Himmel er=hebt. Mit dem verzweiflungsvollen Rufe: der Tempel! der Tempel! zerreißen sie ihre Kleider und streuen Erde auf ihr Haupt. Jeremia trauert eine Weile mit ihnen; dann rafft er sich auf und spricht den Weinenden Trost zu, sie ermahnend dort in der Verbannung an den Ufern des Euphrat die Erinnerung an das Land ihrer Väter in ihrem und ihrer Kinder Herzen wach zu erhalten, die Gotteslehre zu pflegen und jenen Tempel dort, dessen Zerstörung sie beweinen, in ihrem Herzen neu zu erbauen und ihn mit ihren Tugenden so zu schmücken, daß jeder von ihnen als ein leuchtendes Vorbild des Glaubens und der Hoffnung für alle Welt sich erhebe. . . . .

„Und nun du mein Volk, das von jeher geweiht
Dem Denken, der Arbeit, den Leiden,
Zur endlosen Wanderung mach' dich bereit,
Vom Land' deiner Väter zu scheiden.
Gar weit ist dein Weg über Länder und Meer,
Du Künder des ewigen Wortes,
Und ist auch dein Schicksal so bitter und schwer
Vertrau' auf die Treu deines Hortes.
Dem Sämanne gleich, der da ausstreut die Saat
Mit vollen und kundigen Händen,
So hat dich zerstreuet des Ewigen Rat
Bis an der Erdenwelt Enden.
Nicht eignes Leid nur soll fühlen dein Herz,
Sollst anderer Leid auch beklagen,
Der ganzen Menschheit Betrübnis und Schmerz
Sollst fortan im Busen du tragen.
Ein jegliches Volk, es erscheint und vergeht
So schnell wie der Blitz in den Lüften,
Nur du, von des Ewigen Geiste umweht,
Du wandelst vorbei an den Grüften.
„Ich bin," so sprichst du im Wechsel der Zeit,
Da Völker und Reiche verschwinden,
Und Zukunft durch dich mit Vergangenheit,
Geschlecht mit Geschlecht sich verbinden.
Bis einstens in Wahrheit und Frieden vereint
Sind Adams verstreuete Glieder,
Und auf die geeinigte Menschheit dann scheint
Die göttliche Gnade hernieder."

Druck von C. H. Schulze & Co. in Gräfenhainichen.